엄마에게 배우는 영어

엄배영

BASIC GRAMMAR

기초 영문법

PREFACE

안녕하세요? 엄마에게 배우는 영어, 엄배영입니다.

저는 [엄배영 기초영문법] 채널을 운영 중인 유튜버입니다.

영어가 소통과 활동의 기본 도구가 되어가고 있습니다. 학습 컨텐츠는 범람하는데 막상 시작하려고 하면 어디서부터 시작해야 하고 무엇을, 어떻게, 어느 정도 해야 할지 막연하기만 합니다. 또한 잘못된 학습방식은 학습자의 의욕과 자신감만 떨어뜨립니다. 영어 학습에 어려움이 있는 분들께 도움이 되는 강의 방식에 대해서 깊이 고심한 결과물이 [엄배영]이고, 그것을 토대로 한 것이 바로 이 책입니다.

저의 채널명이 보여주듯이, 엄배영은 다정한 엄마에게 배우는 영어입니다. 영문법이라면 무조건 어렵고 재미없을 것이라는 선입견과 두려움을 가진 학습자를 위하여 다음과 같이 이 책을 만들었습니다.

가볍습니다.

어려운 문법 용어 사용을 최대한 피하고, 쉽고 간결하게 설명합니다. 글씨를 크게 표시하였고, 예문마다 그림을 넣어서 재미있고 쉽게 이해되도록 하였습니다.

폭넓습니다.

이 책은 꼭 필요한 핵심 문법을 너무 깊이 다루지 않으면서도 폭넓게 소개하기 때문에 책 한 권으로도 웬만한 문법 지식을 고루 챙길 수 있습니다. 하루에 세 개의 단원을 학습한다면 한 달이면 완성됩니다.

스스로 학습할 수 있습니다.

이해하기 쉬워서 다른 도움 없이도 스스로 학습이 가능하고 단원마다 연습문제를 통하여 학습 결과를 확인할 수 있으며, 같은 내용의 동영상 강의를 엄배영 채널을 통해서 복습할 수 있습니다.

엄마가 정성을 담아 선물을 준비하듯 만들었습니다. 여러분의 다정하고 든든한 디딤돌이 되길 바랍니다.

엄배영

GUIDE

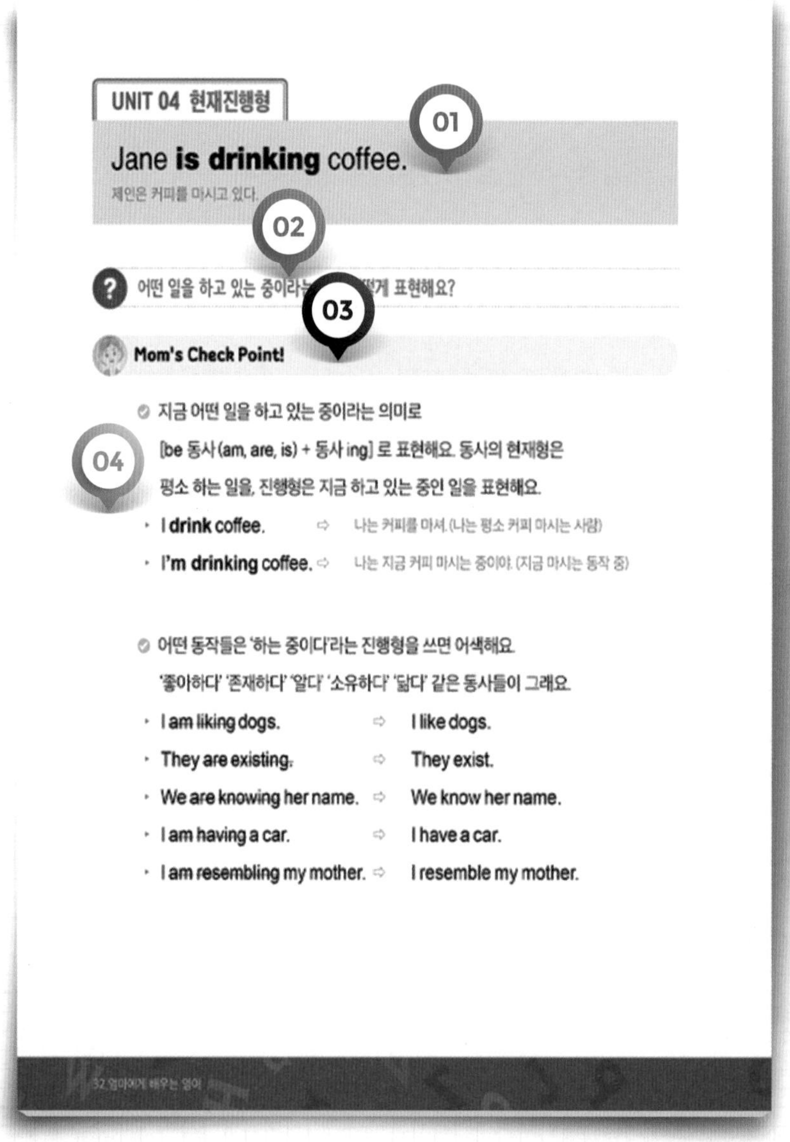

UNIT 04 현재진행형

01

Jane **is drinking** coffee.

제인은 커피를 마시고 있다.

02

? 어떤 일을 하고 있는 중이라는 [illegible]떻게 표현해요?

03

Mom's Check Point!

04

- 지금 어떤 일을 하고 있는 중이라는 의미로 [be 동사(am, are, is) + 동사 ing] 로 표현해요. 동사의 현재형은 평소 하는 일을, 진행형은 지금 하고 있는 중인 일을 표현해요.
  - I **drink** coffee. ⇨ 나는 커피를 마셔. (나는 평소 커피 마시는 사람)
  - I'm **drinking** coffee. ⇨ 나는 지금 커피 마시는 중이야. (지금 마시는 동작 중)

- 어떤 동작들은 '하는 중이다'라는 진행형을 쓰면 어색해요. '좋아하다' '존재하다' '알다' '소유하다' '닮다' 같은 동사들이 그래요.
  - I am liking dogs. ⇨ I like dogs.
  - They are existing. ⇨ They exist.
  - We are knowing her name. ⇨ We know her name.
  - I am having a car. ⇨ I have a car.
  - I am resembling my mother. ⇨ I resemble my mother.

32_엄마에게 배우는 영어

01 **주제를 한눈에 보여주는 영문 제목!**

02 **질문을 통해서 학습 속으로!**

03 **엄마가 알려주는 친절한 설명!**

04 **다양한 예문을 통해 실전 감각 익히기!**

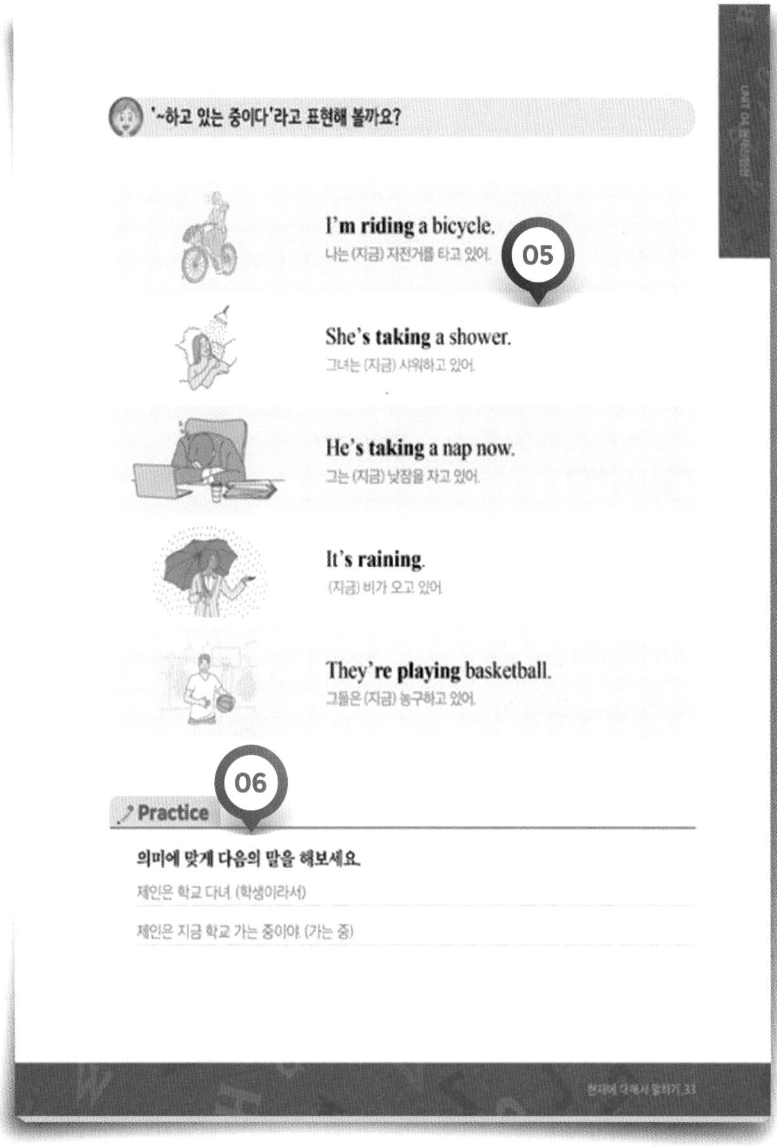
'~하고 있는 중이다'라고 표현해 볼까요?

I'm riding a bicycle.
나는 (지금) 자전거를 타고 있어.

05

She's taking a shower.
그녀는 (지금) 샤워하고 있어.

He's taking a nap now.
그는 (지금) 낮잠을 자고 있어.

It's raining.
(지금) 비가 오고 있어.

They're playing basketball.
그들은 (지금) 농구하고 있어.

06

Practice

의미에 맞게 다음의 말을 해보세요.
제인은 학교 다녀. (학생이라서)
제인은 지금 학교 가는 중이야. (가는 중)

현재에 대해서 말하기_33

05 **학습 내용에 알맞은 이미지로 이해력 상승!**

06 **학습한 내용을 연습으로 마무리!**

CONTENTS

CHAPTER 03 미래에 대해서 말하기

CHAPTER 04 현재완료

CHAPTER 05 조동사

CHAPTER 06 수동태

CHAPTER 11 형용사와 부사

CHAPTER 12 전치사

CHAPTER 13 요청 / 부탁 / 권유하기

엄배영과 함께
하루 3단원 학습하면 한 달 완성!
유튜브 엄배영 채널에서
책 내용을
복습할 수 있어요!

엄마에게 배우는 영어

엄배영

BASIC

GRAMMAR

기초 영문법

문장성분과 품사

엄마에게
배우는
영어

Learning
English from
Mom

01

CHAPTER 01

문장성분과 품사

엄마, 문장 성분이 뭐예요?

Mom's Check Point!

- 김밥을 만들려면, 단무지, 계란, 당근 등 김밥 재료가 필요하죠?
  이것이 김밥 성분이고, 문장을 만드는 재료는 문장 성분이죠!
  - **김밥 성분**: 김, 단무지, 계란, 당근, 햄
  - **문장 성분**: 주어, 동사, 목적어, 보어, 수식어
- 문장 성분과 품사에 대해서 기본적으로 알아야 하는 필수 문법부터 쉽고 간결하게 설명해 줄게요.

주어

- '누가'를 나타내요. 동작을 하는 사람이 누구인지를 말해요.

대표적인 주어			
I	나	you	너 (1명), 너희들 (2명 이상)
he	그 (남자 1명)	she	그녀 (여자 1명)
we	우리들	they	그들 (사람), 그것들 (사물 복수)
it	그것 (사물 1개)		

1, 2, 3 인칭

- 나는 1인칭, 너는 2인칭, 나와 너를 제외하면 모두 3인칭이에요.

주의해야 할 인칭이 있나요?

3인칭 단수를 주의해야 돼요!

3인칭 단수는 '쉿' → she / he / it (발음을 연결하면 '쉿'이 돼요)

단세포처럼 단수는 한 명 또는 한 개를 나타내요.

- she (여자 한 명): she, my mother, Jane, Ms. Kim
- he (남자 한 명): he, Mark, Mr. Lee, your brother, my father
- it (사물 한 개): it, the book, the pen, the movie, the party

3인칭 단수가 주어일 때 동사에 주의 해야 해요.

- She **is** a doctor. 그녀는 의사야. ⇨ be동사는 is로
- Jane **has** a car. 제인은 차를 가지고 있어. ⇨ have는 has로
- Mr. Kim **does** yoga. 미스터 김은 요가를 해. ⇨ do는 does로
- My mother **likes** pizza. 엄마는 피자를 좋아해. ⇨ 일반동사에는 s를 붙임

동사

'동'은 움직인다는 뜻이에요. 그러니까 동작을 나타내는 말을 동사라고 해요.

동사의 종류는 3가지에요.

- **be동사:** 특정한 동작이 없는 경우 상태나 기분을 나타냄. am, are, is
- **일반동사:** '~한다'의 의미를 갖는 모든 동사. 주로 동작을 나타냄. 가장 많고 일반적이라 일반 동사라고 함. come, go, eat, study, work, swim, buy 등
- **조동사:** '할 수 있다' '할 것이다' 등 능력이나 미래 같은 것을 표현하도록 도와주는 동사 (그래서 '조'는 도울 조) will, can, must, should, may 등

- 동작이 아닌, 상태, 신분, 위치는 be 동사로 표현해요.
  - She **is** sick. 그녀는 아프다. (상태)
  - She **is** a nurse. 그녀는 간호사야. (신분)
  - She **is** in Seoul. 그녀는 서울에 있어. (위치)

- 동사의 시제: 평소에 늘 하는 동작은 현재형으로, 과거에 끝낸 것은 과거형으로 써요. 일반 동사의 과거형은 동사 뒤에 주로 ed 를 붙이지만 불규칙한 동사들도 있어요. 주요 동사의 3단 변화를 알아볼까요? 세 번째에 있는 과거분사는 p.p. 라고도 하며 수동태나 현재완료에서 필요해요.

주요 동사의 3단 변화

현재	과거	과거분사
come	came	come
go	went	gone
take	took	taken
tell	told	told
get	got	got (gotten)
give	gave	given

목적어

- '을' '를'이 있는 것이 목적어에요.
  - I like music. 나는 **음악을** 좋아해. (music: 목적어)
  - He drinks coffee. 그는 **커피를** 마셔. (coffee: 목적어)
  - He's eating popcorns. 그는 **팝콘을** 먹고 있어. (popcorns: 목적어)

보어

- 보어는 보충해주는 말이에요. '나는 학생이다.' '나는 피곤해.'처럼, 주어가 무엇인지, 또는 어떤 상태인지를 설명해주는 것을 주격 보어라고 해요. (주어 = 주격 보어)

▸ I am happy. 나는 행복하다. (나 = 행복한 상태)
　　　보어

▸ She is sick. 그녀는 아프다. (그녀 = 아픈 상태)
　　　보어

▸ I am a singer. 나는 가수다. (나 = 가수)
　　　보어

명사

- 모든 것의 이름을 명사라고 해요. 세상의 모든 것에는 이름이 붙어있어요.

이것은 apple이라고 부르니까 ⇨ apple은 명사

이것은 car라고 부르니까 ⇨ car는 명사

baby라고 부르니까 ⇨ baby는 명사

대명사

- 대명사는 명사를 대신하는 말이에요.

▸ I love my mother. **She** is a doctor. ⇨ my mother 대신 she (그녀)라고 했네!

tip 그럼 she는 my mother를 대신하는 대명사에요.

▸ My brother is a student. **He** lives in New York.

tip my brother를 he로 대신했으니 he는 대명사에요.

밑줄 친 명사를 대명사로 고쳐볼까요?

- I miss my friends. **They** live in Korea.

▸ 그들, 걔네들은 they

- I have a doll. **It** is pretty.

▸ 사물 한 개는 it (그것) 이라고 해요.

- I and my husband live in Seoul. **We** are happy.

▸ 나와 다른 사람이 같이 있으면 우리죠.

- I have some books. **They** are expensive.

▸ 사물이 여러 개면 they (그것들) 라고 해요.

형용사

- '말로 형용할 수 없다'라는 말처럼, 형용사는 어떠한지를 나타내는 말이에요. 명사를 꾸며줘요.

▸ It's a beautiful house. **아름다운** 집이다.
형용사

▸ It's a black cat. **검은색** 고양이다.
형용사

▸ I'm happy. 난 **행복하다.**
형용사

▸ I'm tipsy. 나 약간 술 **취했어.**
형용사

형용사를 이용하여 기분이나 상태를 표현할 때, 동사는 be 동사를 쓰는데요, be 동사는 줄여서 쓰는 것이 자연스러워요.

- I am = I'm
- she is = she's
- he is = he's
- they are = they're
- we are = we're

I'm busy.
나는 바빠.

She's scared.
그녀는 겁이 나.

He's tall.
그는 키가 커.

They're surprised.
그들은 놀랐어.

We're bored.
우리들은 지루해요.

부사

- 부사는 언제, 어디서, 어떻게, 왜 처럼 시간, 장소, 방법, 이유를 나타내어 부수적인 상황 설명을 해줘요.

▸ He works **<u>at night</u>**.
부사(시간)
그는 **밤에** 일한다.

▸ He runs **<u>fast</u>**.
부사(방식)
그는 **빨리** 달린다.

▸ He's sleeping **<u>at his desk</u>**.
부사(장소)
그는 **책상에서** 자고 있어.

▸ I'm at home **<u>because I'm sick</u>**.
나는 **아프기 때문에** 집에 있어.

전치사

- 전치사는 명사 앞에 쓰여서 주로 위치, 시간 등을 나타내요.

  in, at, on, from, to, with, during 등이 전치사에요.

She's **in** the corner.
그녀는 구석에 있다.

Let's meet **at** twelve fifteen.
12시 15분에 만납시다.

He's sitting **on** the bench.
그는 벤치에 앉아있어요.

He's **in front of** the fan.
그는 선풍기 앞에 있다.

He's **beside** the tree.
그는 나무 옆에 있다.

I went **to** the party.
나는 파티에 갔다.

엄마에게 배우는 영어
엄배영
BASIC
GRAMMAR
기초 영문법

CHAPTER 1–90

엄마에게
배우는
영어

Learning
English from
Mom

02

CHAPTER 01

현재에 대해서 말하기

UNIT 01 be 동사로 표현하기

I am a singer.

나는 가수다.

be 동사는 왜 쓰나요?

Mom's Check Point!

- be 동사는 am, are, is 가 있는데요, '~이다' '~한 기분이다' '~한 상태다' '~에 있다'라는 의미로 써요.
- 모두 특별한 동작이 없는 경우에요.
- 주어에 맞는 be 동사를 써야 하는데, 일상적인 회화에서는 주로 줄여진 형태로 말해요.

I am	⇨	I'm	he is	⇨	he's
she is	⇨	she's	it is	⇨	it's
we are	⇨	we're	you are	⇨	you're
they are	⇨	they're			

be 동사를 사용하여 신분, 기분/상태, 위치를 말해봐요.

I'm Jane.
나는 제인이야. (신분)

I'm a cook.
나는 요리사야. (신분)

He**'s** full.
그는 배불러. (기분/상태)

He**'s** pleased.
그는 기뻐. (기분/상태)

We**'re** in Paris.
우리는 파리에 있어. (위치)

Practice

다음의 문장을 만들어 봐요.

이 집들은 아름답다.

제인과 마크는 프랑스에 있어.

UNIT 02 be 동사 부정문

She **is not** Korean.

그녀는 한국인이 아니다.

be 동사로 부정문을 어떻게 만들어요?

Mom's Check Point!

- be 동사를 부정하는 것은 아주 간단해요. be 동사 다음에 not 만 쓰면 ok!
- 원어민들은 늘 축약된 형태로 말을 해요.

I am	⇨	I am not	⇨	**I'm not**
he is	⇨	he is not	⇨	**he's not** (= he isn't)
she is	⇨	she is not	⇨	**she's not** (= she isn't)
it is	⇨	it is not	⇨	**it's not** (= it isn't)
we are	⇨	we are not	⇨	**we're not** (= we aren't)
you are	⇨	you are not	⇨	**you're not** (= you aren't)
they are	⇨	they are not	⇨	**they're not** (= they aren't)

be 동사를 이용하여 부정문을 만들어 봐요.

I'm old. / **I'm not** young.
나는 젊지 않아.

She's fat. / She**'s not** slim.
그녀는 날씬하지 않아.

He's a student. / He**'s not** a teacher.
그는 선생님이 아니야.

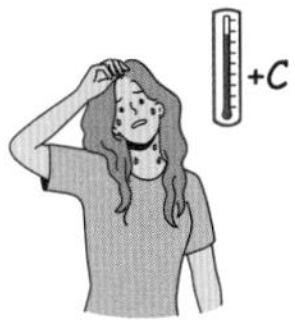

It's hot. / It**'s not** cold.
날씨가 춥지 않아.

We're winners. / We**'re not** losers.
우리는 패자가 아니야.

Practice

be 동사를 이용하여 표현해 보세요

오늘은 금요일이 아니야.

....

나는 수학을 잘 못해.

....

UNIT 03 be 동사 의문문

He is tall.

그는 키가 커.

Is he tall?

그는 키가 크니?

be 동사로 어떻게 물어봐요?

Mom's Check Point!

- be 동사로 직업, 기분, 상태, 위치 등을 물어볼 수 있어요.
- be 동사 먼저 쓰고 주어가 뒤로 가면 묻는 말이 돼요.

▸ Jane is hungry. 제인은 배가 고파.

⇨ **Is Jane** hungry? 제인은 배가 고프니?

▸ Mark is at home. 마크는 집에 있어.

⇨ **Is Mark** at home? 마크는 집에 있니?

▸ You're an architect. 당신은 건축가다.

⇨ **Are you** an architect? 당신은 건축가세요?

be 동사로 의문문을 만들어 볼까요? 대답도 해봐요!

A: **Are you** satisfied?

당신은 만족합니까?

B: Yes, I am.

네.

tip 긍정 대답은 줄이지 말고 해요. 'Yes, I'm.'은 안 돼요.

A: **Are you** Japanese?

당신은 일본인입니까?

B: No, I'm not.

아니오.

tip 부정적인 대답은 주로 줄임말을 써요.

A: **Is he** at home?

그는 집에 있습니까?

B: No, he's not.

아니오.

A: **Is it** sunny?

날이 화창하니?

B: No, it's not.

아니오.

Practice

다음의 말을 영어로 표현해 보세요.

네 차는 새것이니?

조와 마크는 형제들이니?

UNIT 04 현재진행형

Jane **is drinking** coffee.

제인은 커피를 마시고 있다.

? 어떤 일을 하고 있는 중이라는 것을 어떻게 표현해요?

Mom's Check Point!

- 지금 어떤 일을 하고 있는 중이라는 의미로 [be 동사 (am, are, is) + 동사 ing] 로 표현해요. 동사의 현재형은 평소 하는 일을, 진행형은 지금 하고 있는 중인 일을 표현해요.

  - I **drink** coffee. ⇨ 나는 커피를 마셔. (나는 평소 커피 마시는 사람)
  - I'**m drinking** coffee. ⇨ 나는 지금 커피 마시는 중이야. (지금 마시는 동작 중)

- 어떤 동작들은 '하는 중이다'라는 진행형을 쓰면 어색해요. '좋아하다' '존재하다' '알다' '소유하다' '닮다' 같은 동사들이 그래요.

  - I ~~am liking~~ dogs. ⇨ I like dogs. 나는 개를 좋아해.
  - They ~~are existing.~~ ⇨ They exist. 그들은 존재해.
  - We ~~are knowing~~ her name. ⇨ We know her name. 우리는 그녀의 이름을 알고 있어.
  - I ~~am having~~ a car. ⇨ I have a car. 나는 차를 가지고 있어.
  - I ~~am resembling~~ my mother. ⇨ I resemble my mother. 나는 어머니를 닮았어.

'~하고 있는 중이다'라고 표현해 볼까요?

I'**m riding** a bicycle.
나는 (지금) 자전거를 타고 있어.

She'**s taking** a shower.
그녀는 (지금) 샤워하고 있어.

He'**s taking** a nap now.
그는 (지금) 낮잠을 자고 있어.

It'**s raining**.
(지금) 비가 오고 있어.

They'**re playing** basketball.
그들은 (지금) 농구하고 있어.

Practice

의미에 맞게 다음의 말을 해보세요.

제인은 학교 다녀. (학생이라서)

제인은 지금 학교 가는 중이야. (가는 중)

UNIT 05 일반동사 (1)

I **wear** glasses.

나는 안경을 쓴다.

? 일반동사는 무엇이고, 동사의 현재 시제는 언제 쓰나요?

Mom's Check Point!

- 일반동사는 '~한다'라고 표현되는 동사로, 대부분의 동사가 일반동사예요.
- 일반동사의 현재형은 현재 일어나는 일반적인 사실이나, 평소에 반복적으로 하는 행동을 표현해요.

▸ I **have** two sisters.
나는 여동생이 두 명 있어. (현재의 사실)

▸ I **live** in New York.
나는 뉴욕에 살아. (현재의 사실)

▸ People **speak** Korean in Korea.
한국에서 사람들은 한국어로 말해. (일반적 사실)

▸ I **work out** every morning.
나는 아침마다 운동을 해. (평소 하는 일)

▸ I **do** yoga every day.
나는 매일 요가를 해. (평소 하는 일)

일반동사로 어떤 사람이 평소에 하는 일을 표현해 볼까요?

I **sell** hot dogs.
나는 핫도그를 팔아.

I **get up** at 7a.m.
나는 오전 7시에 일어나.

I **like** beer.
나는 맥주를 좋아해.

I **go** to school.
나는 학교 다녀. (학생이라는 뜻)

Americans **speak** English.
미국인들은 영어를 말해.

Practice

다음을 영어로 말해 보세요.

한국인들은 거의 매일 김치를 먹어.

우리는 새 컴퓨터가 필요해.

UNIT 06 일반동사 (2)

My grandmother **wears** glasses.

나의 할머니는 안경을 쓰셔.

주어가 3인칭 단수일 때 동사는 어떻게 쓰나요?

Mom's Check Point!

- 주어가 3인칭 단수 (she, he, it) 일 때 동사의 모습에 주의해야 해요.

- 동사 끝에 s 를 붙여요.
  - My sister **works** at a bank. 내 여동생은 은행에서 일해.
  - He **lives** here. 그는 여기에 살아.
  - It **snows** in December. 12월에는 눈이 내려.

- 동사 끝에서 압력밥솥 소리 (쓰, 치, 쉬)가 나면 es 를 붙여요.
  - She **teaches** English. 그녀는 영어를 가르쳐.
  - He **washes** his car every day. 그는 매일 차를 세차해.
  - Jane **misses** her family. 제인은 가족을 그리워해.

- have→has / do→does / go→goes
  - Jenny **has** a dog. 제니는 개를 키우고 있어.
  - My mom **does** yoga. 엄마는 요가를 해.
  - He **goes** to school. 그는 학교에 다녀.

3인칭 단수 주어로 문장을 만들어 볼까요?

Jeremy **reads** a newspaper every morning.
제레미는 아침마다 신문을 읽어.

He **misses** his home.
그는 자기 집을 그리워해.

He **has** a lot of money.
그는 많은 돈을 가지고 있어.

Mark **goes** running every morning.
마크는 아침마다 달리기를 해.

It **snows** a lot in winter.
겨울에는 눈이 많이 내려.

Practice

다음을 영어로 표현해 보세요.

마크는 오후 6시에 일을 마쳐.

제인은 퇴근 후에 요가를 해.

UNIT 07 일반동사 부정문

He **doesn't work** hard.

그는 열심히 일하지 않아.

? '~하지 않는다'는 말은 어떻게 하나요?

Mom's Check Point!

- '~을 하지 않는다'라는 말은 '하다'라는 뜻의 do 에 부정어 not 을 합한 말, **do not** 을 동사 앞에 쓰면 돼요. 보통은 줄여서 don't 라고 해요. 뒤에 나오는 동사는 동사 원형을 써요.

  - **긍정**: I eat meat. 나는 고기를 먹어.
  - **부정**: I **don't** **eat** meat. 나는 고기를 먹지 않아.
    (don't: 부정어, eat: 동사원형)
  - **긍정**: You live alone. 너는 혼자 살아.
  - **부정**: You **don't** **live** alone. 너는 혼자 살지 않아.
    (don't: 부정어, live: 동사원형)

- 주어가 3인칭 단수일 때, do not 이 아니라 does not (= doesn't) 을 쓰고 동사원형을 쓰면 돼요.

  - **긍정**: He wears glasses. 그는 안경을 써.
  - **부정**: He **doesn't** **wear** glasses. 그는 안경을 쓰지 않아.
    (doesn't: 부정어, wear: 동사원형)
  - **긍정**: She does yoga. 그녀는 요가를 해.
  - **부정**: She **doesn't** **do** yoga. 그녀는 요가를 하지 않아.
    (doesn't: 부정어, do: 동사원형)

일반 동사를 사용하여 부정문으로 만들어 볼까요?

I **don't like** rainy days.
나는 비 오는 날을 좋아하지 않아.

Joe **doesn't have** a car, but he has a bicycle.
조는 차를 가지고 있지 않지만, 자전거를 가지고 있어.

I **don't get along** with my boy friend.
나는 내 남자 친구와 잘 지내지 않아.

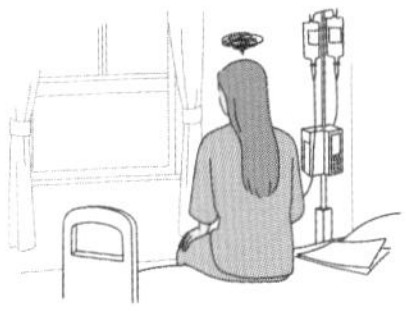

She **doesn't feel** well.
그녀는 몸이 좋지 않대.

We **don't eat** breakfast.
우리는 아침을 먹지 않아.

Practice

다음의 부정문을 말해보세요.

나는 이번 주말에 어떤 계획도 없어요.

7월에는 눈이 내리지 않아.

UNIT 08 일반동사로 물어보기

Do you **like** pizza?

피자 좋아하니?

? '~하니?' '~하세요?'라고 어떻게 물어보나요?

Mom's Check Point!

- 상대방에게 특정한 행동을 하는지 물어보는 방법을 알아볼까요?
  '~하니?' '~하세요?'라는 질문은 '하다'라는 뜻의 Do (Does)를 문장 맨 앞에 두면 돼요.

- 구조: Do (Does) + 주어 + 동사원형?
  - You like pizza. 너는 피자를 좋아해. (긍정)
  - **Do** you **like** pizza? 너는 피자를 좋아하니? (의문)

- 3인칭 단수 주어 (she, he, it) 일 때는 Does 를 문장 맨 앞에 두고, 뒤에 나오는 동사가 동사원형이라는 것을 주의하세요.
  - Jane likes pizza. 제인은 피자를 좋아해.
  - **Does** Jane **like** pizza? 제인은 피자를 좋아하니?
    (Jane: 3인칭단수, like: 동사원형)
  - He eats seafood. 그는 해산물을 먹어.
  - **Does** he **eat** seafood? 그는 해산물을 먹니?

'~하세요?'라고 물어보는 연습을 해볼까요?

Do you **live** here?
너는 여기 사니?

Do your friends **study** hard?
너의 친구들은 열심히 공부하니?

Do they **sell** flowers?
그들은 꽃을 파나요?

Does Jane **go** to school?
제인은 학교 다니니? (goes의 동사원형은 go)

Does Mark **have** a dog?
마크는 강아지를 가지고 있니? (has의 동사원형은 have)

Practice

do 또는 does 를 사용하여 의문문을 만들어 보세요.

당신은 담배를 피우나요?

....

제인은 영어를 하나요?

....

CHAPTER 02

과거에 대해서 말하기

UNIT 09 be 동사 과거

I was a singer.

나는 가수였어. (과거)

엄마, 과거의 상태는 어떻게 말해요?

Mom's Check Point!

- 과거의 신분, 느낌, 상태, 위치는 동작으로 나타내지 못하니까, be 동사의 과거형으로 표현해요. yesterday, last year, ~ago 처럼 과거를 나타내는 말이 자주 나와요.
  - I **was** single **five years ago**. 5년 전 과거에는 싱글이었어.
  - **I'm** married **now**. 지금은 결혼했어.

- be동사의 과거형은 2개밖에 없어요: was, were
  - I / he / she / it → was

    was 쓰는 주어: I / he / she / it [아이 / 히 / 쉬 (마치 독일어 발음 같네요!) + it]
  - we / you / they → were

    were 쓰는 주어: we / you / they

be 동사를 이용하여 과거에 대해서 말해 볼까요?

I **was** in London last week.
난 지난주에 런던에 있었어. (위치)

We **were** at home yesterday.
우리는 어제 집에 있었어. (위치)

He **was** a student last year.
지난해에 그는 학생이었어. (신분)

She **was** a famous actress.
그녀는 유명한 배우였어. (신분)

When young, you **were** lazy.
젊었을 때 당신은 게을렀어. (상태)

Practice

빈칸에 어울리는 be 동사의 형태를 써주세요.

◦ Jane ______________ beautiful when I met her last year.

◦ You ______________ a student three years ago, but now you _____________ a teacher.

UNIT 10 일반동사 과거

He **worked** late yesterday.

그는 어제 늦게까지 일했다. (과거 일)

엄마, '~했다'라는 말은 어떻게 해요?

Mom's Check Point!

- 과거에 '~했다'라는 말을 하려면 과거 시제로 표현해요.
  주로 동사원형 끝에 -ed 를 붙이면 '했다'가 돼요. (e 로 끝나면 d 만 붙이면 되겠죠!)

  - work 일한다 ⇨ **worked** 일했다
  - clean 청소한다 ⇨ **cleaned** 청소했다
  - live 산다 ⇨ **lived** 살았다

- -ed를 붙이지 않는 불규칙 동사의 과거형은 따로 외워야 해요.

have	⇨	had	buy	⇨	bought
get	⇨	got	take	⇨	took
put	⇨	put	come	⇨	came
meet	⇨	met	run	⇨	ran
write	⇨	wrote	go	⇨	went
make	⇨	made	cut	⇨	cut
win	⇨	won	do	⇨	did
keep	⇨	kept	hold	⇨	held

'~했다'라는 과거의 동작을 표현해 볼까요?

I **finished** my homework.
나는 숙제를 끝냈어.

She **invited** me for dinner.
그녀는 나를 저녁 식사에 초대했어.

He **washed** the dishes.
그는 설거지를 했어.

Jane **bought** a new car.
제인은 새 차를 샀어.

We **won** the game.
우리는 게임에서 이겼어.

Practice

괄호 안에 주어진 동사의 과거형을 써서 나타내보세요.

Anne: Why were you late?

Tom: I ________________ my ticket. (lose)

Anne: Where was it?

Tom: I ________________ where it was. (forget)

UNIT 11 과거의 상태 묻기와 부정하기

Was it sunny yesterday?

어제 날씨 화창했니? (묻기)

No, **it was not** sunny.

아니, 화창하지 않았어. (부정하기)

? 과거의 상태는 어떻게 물어봐요?

Mom's Check Point!

- 과거의 상태는 be 동사의 과거형이 필요하고, 물어보려면 be 동사와 주어의 자리를 바꾸기만 하면 돼요.
  - You were busy. 넌 바빴다.
  - **Were you** busy? 너 바빴었니?

? 과거의 상태는 어떻게 부정해요? '나 안 바빴어.'라고 말하려면 어떡해요?

Mom's Check Point!

- 부정하려면 be 동사 다음에 not 만 붙이면 돼요.
  - I **was** busy. 나는 바빴었다. (긍정)
  - I **was not** busy. 나는 바쁘지 않았다. (부정)
- 일상적인 대화에서는 줄임 말을 써요.
  - was not = wasn't / were not = weren't

과거의 상태나 기분을 묻고 대답하는 연습을 해볼까요?

A: **Were you** at home yesterday?

너 어제 집에 있었니?

B: **Yes, I was**.

응.

A: **Were you** satisfied with the result?

넌 결과에 만족했었니?

B: **No, I wasn't**.

아니.

A: **Was Jane** in Paris last week?

제인은 지난주에 파리에 있었니?

B: I have no idea, but **she wasn't** in Seoul.

모르겠지만 서울에는 없었어.

A: **Were they** hungry after the party?

그들은 파티 후에 배고팠었니?

B: **No, they weren't**. They were full.

아니, 그들은 배불렀어.

Practice

다음의 우리말을 영어로 표현해 보세요.

톰은 수학을 잘했었니? (be 동사를 사용해서)

나는 치과의사가 아니었어.

UNIT 12 과거에 한 일에 대해 묻기와 부정하기

I **did not walk** to work.

나는 걸어서 출근하지 않았어.

과거에 어떤 행동을 했는지 묻고 싶으면 어쩌죠?

Mom's Check Point!

- 그건 너무 쉬워요. Did + 주어 + 동사원형?으로 물으면 돼요.

- **Did you miss** the bus? 너 버스 놓쳤니?
- **Did Joe have** lunch? 조는 점심을 먹었니?

과거에 어떤 일을 하지 않았으면 뭐라고 말해요?

Mom's Check Point!

- 과거에 어떤 일을 하지 않았다는 말은 did + not + 동사원형으로 표현해요. did not 은 didn't 로 줄이는 것이 자연스러워요.

- I didn't eat. 나는 먹지 않았어.
  주어 안 했다 동작
- Jane didn't work yesterday. 제인은 어제 일하지 않았어.
  주어 안 했다 동작

- '~하지 않았다'는 주어에 상관없이 무조건 didn't + 동사원형으로 표현해요.

- I **didn't stay** at home. 나는 집에 있지 않았어.
- Mark **didn't wash** his car. 마크는 그의 차를 세차하지 않았어.
- We **didn't eat** out. 우리는 외식하지 않았어.

'~했니?'라고 물어볼까요?

Did you **finish** your homework?
너 숙제 다 했니?

Did they **work out** after work?
그들은 일 끝나고 운동했니?

Did Sarah **see** the movie?
사라는 그 영화 봤니?

Did he **submit** the report?
그는 리포트를 제출했니?

Did you **eat** lunch?
너 점심 먹었니?

Practice

다음의 문장에서 틀린 부분을 찾아보세요.

◦ Did you washed the car?

◦ I didn't went to work because I was sick.

UNIT 13 과거진행 시제

He **was sleeping**.

그는 자는 중이었다.

‘공부 중이었어’ ‘운전 중이었어’ 이런 건 어떻게 말해요?

Mom's Check Point!

- 과거에 ‘~하는 중이었다’라는 말은 was / were + 동사 ing 로 표현해요.

▸ I **was** **drinking** coffee this morning. 오늘 아침에 나는 커피 마시는 중이었다.
be동사의 과거 동사ing

과거진행 시제 문장을 이용해서 대화 연습을 할까요?

Jane: Did you see Mina?

제인: 미나 봤니?

Amy: Yes, I did. She **was taking** a nap.

에이미: 응, 낮잠 자고 있었어.

Jane: Where were you?

제인: 넌, 어디 있었어?

Amy: I was in the kitchen.

에이미: 주방에 있었어.

Jane: What **were** you **doing**?

제인: 넌 뭐하고 있었니?

Amy: I **was cooking**.

에이미: 난 요리하고 있었어.

'~하는 중이었다'라는 표현을 연습해 볼까요?

I **was running**.
나는 달리는 중이었어.

You **were crying**.
너는 울고 있었어.

Joe **was drinking** beer.
조는 맥주를 마시는 중이었어.

She **was reading** a book.
그녀는 책 읽는 중이었어.

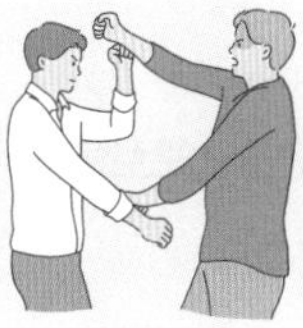

They **were fighting**.
그들은 싸우고 있었어.

Practice

다음의 문장을 영어로 말해보세요.

내가 집에 도착했을 때 내 남동생은 점심을 먹고 있었어.

나는 샤워를 하는 중이어서 전화 소리를 듣지 못했어.

UNIT 14 과거의 불규칙한 습관

We **would** play basket ball.

우리는 농구를 하곤 했어.

'~하곤 했었지'라는 말을 어떻게 해요?

Mom's Check Point!

- 과거에 '어떤 행동을 하곤 했다'는 표현은 조동사 would + 동사원형으로 나타내요. 매일 규칙적으로 한 행동이 아니고, 특별한 상황이 될 때, ~하곤 했다는 뜻이에요.

  - When I had a fever, I **would take** aspirin.
    열이 날 땐 아스피린을 먹었었지. (보통은 아스피린을 안 먹다가 열이 날 때만 먹었으므로 불규칙한 습관)
  - When I was tired, I **would take** a nap.
    난 피곤할 때 낮잠을 자곤 했어. (낮잠을 늘 잔 것이 아니라, 피곤할 때만 잤었으므로 불규칙한 습관)

- would 다음에는 동작의 동사가 와요. 상태를 나타낼 때는 used to be + 상태 로 표현해요.

  - I would be shy. (×) (shy: 상태)
  - I **used to** be shy. (○) 난 수줍음을 탔었어.

과거에 하곤 했던 습관을 표현해볼까요?

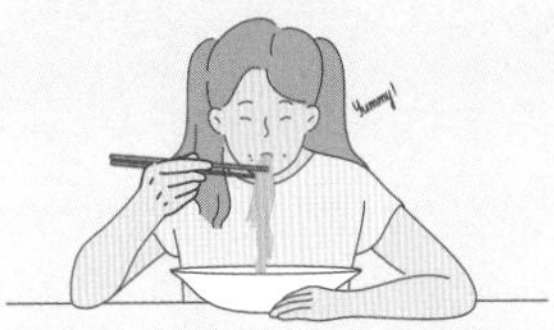

When I was hungry, I **would eat** ramen.
배가 고플 때는 라면을 먹곤 했어.

When I needed a car, I **would borrow** Jane's.
내가 차가 필요할 때, 제인의 차를 빌리곤 했어.

When I was depressed, I **would eat** spicy food.
우울할 때 난 매운 것을 먹곤 했어.

When I was late for school, I **would take** a taxi.
학교에 지각하면 난 택시를 타곤 했어.

When we were bored, we **woud play** cards.
심심할 때 우린 카드놀이를 하곤 했어.

Practice

다음의 우리말을 영어로 표현해 보세요.

엄마가 아플 때, 우리는 외식을 하곤 했었지.

감기에 걸리면 난 따뜻한 레몬차를 마시곤 했어.

UNIT 15 과거의 규칙적 습관

I **used to** wear glasses.

나는 안경을 썼었다.

? 엄마, 과거에는 늘 ~했지만 지금은 안 하는 일은 어쩌죠?

Mom's Check Point!

- used to + 동사원형: 과거에는~했지만 지금은 더 이상 하지 않는 일을 표현해요. (과거에 규칙적이고 지속적으로 한 일이나 상태)
  - I **used to smoke.** 나는 전에는 담배를 피웠었다. (지금은 안 핌)
  - He **used to be** a chef. 전에 그는 요리사였다. (지금은 아니다)

- [used to + 동사원형]에서 'used' 는 '사용하다'의 뜻을 갖는 use 동사와 달라요!
  - I <u>used</u> <u>this</u> <u>computer</u>. 난 이 컴퓨터를 사용했다.
    사용했다 사용한 물건
  - I <u>used to</u> <u>play</u> tennis after work. 전에 나는 퇴근 후에 테니스를 쳤었다.
    늘 했었다 동사원형

- used to 는 동작이 아닌 상태를 나타낼 수도 있어요.
  - I **used to be** poor. 전에 나는 가난했어. (지금은 가난한 상태가 아님)
  - He **used to be** really skinny. 전에 그는 정말 말랐었어. (지금은 아니다)

'used to 동사'로 과거에 늘 하던 일이나 상태를 표현해 볼까요?

I **used to be** shy.
내가 전에는 수줍음을 탔어.

Mark **used to walk** to work.
마크는 전에 늘 걸어서 출근했지.

I **used to go running** every morning.
전에 나는 아침마다 뛰었어.

She **used to work** at a bank.
그녀는 전에 은행에서 일했어.

Jane **used to have** very long hair.
제인은 전에 머리가 길었어.

Practice

다음의 우리말을 영어로 표현해 보세요.

과거에 나는 채식주의자였다. (지금은 아닌 경우)

과거에 나는 런던에서 살았었다. (지금은 아닌 경우)

미래에 대해서 말하기

UNIT 16 미래시제 (1)

He **will come** tomorrow.

그는 내일 올 것이다. (미래의 일)

? '~할 것이다'라는 미래의 말은 어떻게 표현해요?

Mom's Check Point!

- 미래에 할 일은 will + 동사원형으로 나타내요.

  will 부터 쓰면 미래 일이라는 신호를 보내는 거예요. will 은 줄여서 'll 로 할 수 있어요.

  - I will submit the report tomorrow. 나는 내일 보고서를 제출할 것이다.
    미래 신호└→할 동작(동사원형)

- 비교해 보세요.

  - He works every day. 그는 매일 일한다.
    동사 현재형
  - He will work next Saturday. 그는 다음 주 토요일에 일할 것이다.
    조동사 동사원형

- 부정문 (~하지 않을 거야)은 [will not (won't 는 줄임말) + 동사원형]

  - Jane **will not cook** for dinner. Jane은 저녁식사 요리를 하지 않을 거야.

- 의문문 (할 거니?)은 Will + 주어 + 동사원형?

  - **Will you come** to the party? 파티에 올 거니?

주어가 3인칭 단수라도 will 다음에는 동사원형을 쓰는 것에 주의하세요!

- My mother will [do / ~~does~~] yoga.
  엄마는 요가를 할 거야.
- Will Jenny [go / ~~goes~~] to the library this weekend?
  제니는 이번 주말에 도서관에 가니?
- He won't [come / ~~comes~~] here.
  그는 여기 오지 않을 거야.

미래의 일에 대한 다음의 대화를 보세요.

Jim: Do you have the time?

짐: 몇 시야?

Linda: It's ten to nine. **You'll be** late.

린다: 9시 10분 전이야. 너 늦겠다.

Jim: No, **I won't be** late. **I'll take** a taxi.

짐: 안 늦을 거야. 택시 탈 거야.

Linda: **It'll snow** this afternoon, so **you'll need** your coat.

린다: 오후에 눈 올 거니까 코트가 필요할 거야.

Jim: **Will you** get home late?

짐: 집에 늦게 올 거니?

Linda: No, **I won't**.

린다: 아니.

Practice

다음의 우리말을 영어로 표현해 보세요.

내 여동생은 내년에 60세가 될 거야.

내일 눈이 올까요?

UNIT 17 미래시제 (2)

I'm going to get married tomorrow.

나는 내일 결혼할 것이다.

? '~할 것이다'는 항상 will 로만 표현하나요?

Mom's Check Point!

- 미래를 나타내는 방법은 be + going to + 동사원형도 있어요. 확실하게 일어날 일이나 이미 하기로 결정된 미래의 일은 be going to 로 표현하는 것이 더 좋아요.

  ▸ **I'm going to get** married tomorrow.

  내일 결혼하는 일은 확실하게 일어날 일이고 이미 결정된 일임.

- be 동사는 주어에 맞게 쓰면 돼요.

  ▸ Andrew **is going to** **move** to Yongin soon. 앤드류는 용인으로 곧 이사해.
  (is going to: be going to / move: 동사원형)

  ▸ They **are going to** **see** a movie tonight. 그들은 오늘 밤에 영화 볼 거야.
  (are going to: be going to / see: 동사원형)

- be going to 의 부정문은 be 동사에 not 만 붙이면 돼요.

  ▸ **I'm not going to exercise** today. 나는 오늘 운동 안 할 거야.

  ▸ **We're not going to move** this year. 우리는 올해 이사하지 않을 거야.

- be going to 의 의문문은 be 동사를 맨 앞으로 보내요.

  ▸ **Is** Jane **going to make** us dinner? 제인이 우리에게 저녁밥 해줄 건가?

  ▸ **Is** it **going to be** dark at 8p.m.? 오후 8시면 어두워질까?

be going to 를 이용하여 이미 정해진 미래를 표현해 볼까요?

I'm going to play soccer Sunday morning.
나는 일요일 아침에 축구를 할 거야.

She**'s going to have** a baby next month.
그녀는 다음 달에 출산할 거야.

It**'s going to be** cold after the sun goes down.
해가 진 후에는 추워질 거야.

He**'s going to visit** his parents tomorrow.
그는 내일 그의 부모님을 뵐 거야.

I'm going to walk home.
나는 걸어서 집에 갈 거야.

Practice

다음의 우리말을 영어로 표현해 보세요.

나는 금요일 아침에 떠날 거야.

....

린다가 다음 달에 은퇴하나요?

....

UNIT 18 미래시제 (3)

The train **is arriving** in 10minutes.

기차는 10분 후에 도착할 거야. (미래 일)

? be+동사ing 는 '~하는 중'이라는 뜻인데, 어떻게 미래를 나타낼 수 있나요?

Mom's Check Point!

현재진행 시제가 미래를 나타내기도 해요. 문맥을 보고 미래 일이라는 것을 알 수 있으니 걱정 말아요.

- I **am leaving** tomorrow. 나는 내일 떠날 거야.

  tip be (am, are, is) + 동사 ing 는 원래 '~하는 중이다'이지만, tomorrow (내일)이라는 말이 있으니 미래의 일임을 알 수 있어요. 확실하게 정해졌거나, 곧 일어날 일들을 진행형으로 나타내어 '이미 하고 있는 중'인 것처럼 마음이 앞서가는 심리가 작용해요.

- We**'re arriving** soon. 우리는 곧 도착할 거야.
  ('re arriving: 미래의 일 / soon: 미래시점(곧))
- The train **is leaving** in ten minutes. 기차는 10분 후에 떠날 것이다.
  (is leaving: 미래의 일 / in ten minutes: 미래 시점(10분 후))
- I **am seeing** Jenny on Saturday. 나는 토요일에 제니를 만날 거야.
- We **are eating** out tonight. 우리는 오늘 저녁에 외식할 예정이야.
- They **are having** a party next week. 그들은 다음주에 파티를 할 거야.
- He **is playing** soccer tomorrow. 그는 내일 축구를 할 예정이야.

'be + 동사ing' 가 나타내는 것이 '~하는 중'인지 '~할 예정'인지를 구분해 볼까요?

◦ They **are watching** a movie now.

그들은 지금 영화를 보는 중이다.

◦ They **are watching** a movie tomorrow.

그들은 내일 영화를 볼 예정이다.

◦ He **is having** sushi now.

그는 지금 스시를 먹고 있어.

◦ He **is having** sushi after work.

그는 퇴근 후 스시를 먹을 거야.

◦ Jane **is going** to the party now.

제인은 지금 파티에 가는 중이다.

◦ Jane **is going** to the party tonight.

제인은 오늘 밤에 파티에 갈 예정이다.

◦ **I'm traveling** around Jejudo.

나는 제주도를 여행하고 있어.

◦ **I'm traveling** around Jejudo next month.

나는 다음 달에 제주도를 여행할 거야.

Practice

'be + 동사ing'를 이용하여 다음을 표현해 보세요.

비행기가 오늘 저녁 7시에 떠날 것이다.

마크는 다음 주 뉴욕으로 이사할 것이다.

UNIT 19 미래시제 (4)

I **will have finished** my homework by 9p.m.

오후 9시까지는 내가 숙제를 끝냈을 거야.

? 아직은 안 끝났지만, 미래의 어느 시점에는 끝나 있을 일은 어떻게 말해요?

Mom's Check Point!

- will + have p.p. 로 표현해요. 미래에 완료돼있을 일이니까 '미래완료'라고 해요. 의미는 '미래~시점까지~일이 완료돼있을 거야'예요.

- 지금 오후 6시인데 숙제 하는 중이고 오후 9시쯤에는 숙제를 끝낸 상태일 거라고 예상하면 다음과 같이 말해요.

  ▸ I **<u>will have finished</u>** my homework <u>by 9 p.m.</u>

  (will have finished: 완료할 일 / by 9 p.m.: 완료 시점)

- 주어가 누구든 상관없이 무조건 will + have + p.p. 로 표현합니다.

  ▸ She **will have finished** her homework by 9 p.m.

  ▸ We **will have finished** our homework by 9 p.m.

- 기준 시점은 [by the time + 주어 + 동사] 또는 [before + 주어 + 동사] 등으로 나타낼 때도 많아요. 이 때, 미래의 일도 현재로 나타내는 것에 주의하세요.

  ▸ **By the time** you get (~~will get~~) here, we will have left.

  네가 도착할 때면 우리는 떠났을 거야.

  ▸ **Before** you arrive (~~will arrive~~), we will have eaten dinner.

  네가 도착하기 전에, 우리는 저녁을 먹었을 거야.

미래완료 시제 연습을 해볼까요?

Jason **will have graduated** by winter 2025.
제이슨은 2025년 겨울에는 졸업해 있을 거야.

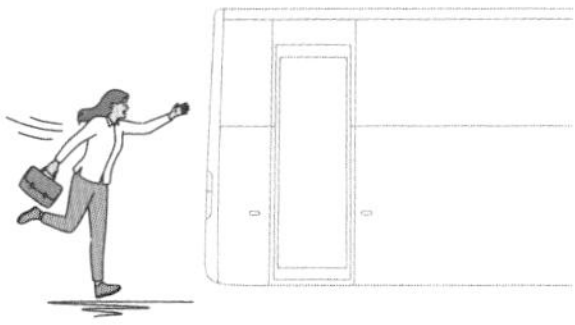

The train **will have left** when Jane arrives at the station.
제인이 역에 도착할 때쯤이면 기차는 떠났을 거야.

I'll have finished the work by the end of the day.
하루가 끝날 때쯤이면 나는 일을 마쳤을 거야.

Minho **will have read** the novel by the end of this week.
민호는 이번 주말까지 그 소설책을 다 읽을 거야.

By the time you graduate, **I'll have retired**.
네가 졸업할 때쯤이면, 나는 은퇴했을 거야.

Practice

다음의 우리말을 영어로 표현해 보세요.

내가 올해 말까지는 집 짓는 것을 마칠 거야.

마크가 도착할 때 영화는 시작되었을 거야.

CHAPTER 04

현재완료

UNIT 20 현재완료 시제 (1)

I **have been** sick since Monday.

나는 월요일부터 계속 아파.

? 현재완료가 뭐예요? 현재 시제랑 다른 건가요?

Mom's Check Point!

- 현재완료 시제는 현재라는 말이 있으니 현재랑 거의 같아요. 다른 점은, 현재에 과거의 흔적을 묻히고 있다는 점이에요.

- 현재완료 모습: have (has) + 과거분사 (p.p.)

- 과거분사는 규칙적인 경우, 동사에 ed를 붙이고 불규칙한 경우는 동사의 3단 변화를 공부하면 돼요.
  - give - gave - **given** (과거분사)
  - lose - lost - **lost** (과거분사)

- 다음을 비교해 볼까요?
  - **현재**: I **live** in Seoul. 나는 서울에서 산다. (현재만 표현)
  - **과거**: I **lived** in Seoul. 나는 서울에서 살았다. (과거만 표현)
  - **현재완료**: I **have lived** in Seoul for 5 years.
    나는 서울에서 5년 동안 살아왔다. (5년 전 과거에 시작된 일이 지금까지 지속 됨)

- 현재 완료의 의미는 여러 가지 있지만, '과거 어느 시점부터 지금까지 쭉 해오고 있다'는 의미도 있어요.
  - **I've worked** in Korea for 10 years. 나는 한국에서 10년 동안 일해왔다.

  tip 이 말은, 10년 전부터 일해 왔으며 지금도 일한다는 뜻이에요.

- have 는 've 로, has는 's로 줄일 수 있어요.
  - I have ⇨ I've
  - He has ⇨ He's

- 현재완료는 현재 상황을 말하고 있으므로 ago, yesterday, last 등과 같은 과거 시점과 같이 쓰면 안 돼요.
  - He's been sick ~~yesterday~~.
  - I've worked here ~~3 years ago~~.
  - They've lived here ~~last year~~.

- 현재완료는 [for + 시간의 길이], [since + 과거 시점]과는 썩 잘 어울려요.
  - She**'s studied** English <u>for 3 years</u>(시간길이). 그녀는 3년 동안 영어를 공부해 왔다.
  - **I've known** him <u>since 2010</u>(시점). 나는 2010년부터 그를 알고 지낸다.

Practice

다음의 우리말을 영어로 표현해 보세요.

마크는 3일째 이 호텔에 머무르고 있다.

....

그들은 2005년 이래로 결혼한 상태이다.

....

UNIT 21 현재완료 시제 (2)

I **have tried** tacos.

나는 타코를 먹어본 적이 있다.

? 현재완료가 또 무엇을 나타낼 수 있나요?

Mom's Check Point!

- 현재완료는 '~해 본 적이 있다'라는 경험을 나타낼 수 있어요.
  - I **have seen** a tiger. 나는 호랑이를 본 적이 있어.

  tip 과거부터 현재까지 호랑이를 본 경험이 한 번이라도 있을 때

- 상대방에게 '~해본 적이 있나요?'라고 물을 때는

  [Have you (ever) + 과거분사?] 라고 해요. (종종 ever 와 같이 써요)
  - **Have you ever tried** galbi? 갈비 먹어본 적이 있니?
  - **Have you ever been to** London? 런던에 가본 적이 있니?

  tip have been to 장소: ~에 가본 적이 있다.

- ~을 해본 적이 전혀 없을 때: [have (has) never + 과거분사]
  - **I've never heard** of Squid Game. 나는 오징어게임에 대해 들어본 적이 전혀 없다.
  - He **has never been** to Paris. 그는 파리에 가본 적이 전혀 없다.

'~해본 적이 있다' 라고 말해 볼까요?

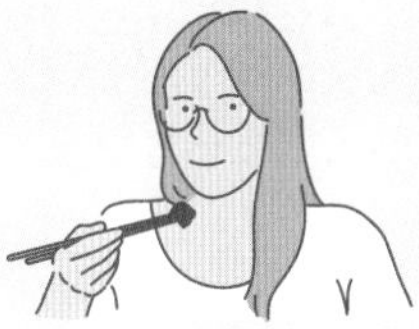

I've tried kimchi before.
나는 전에 김치를 먹어본 적이 있어.

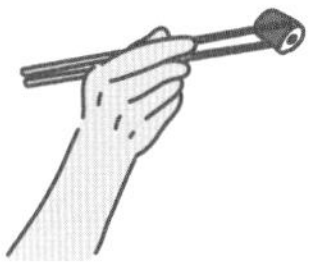

Joe **has used** chopsticks many times.
조는 젓가락을 사용해본 적이 여러 번 있다.

They **have been** to Paris.
그들은 파리에 가본 적이 있어.

I **have played** chess before.
나는 전에 체스를 해본 적이 있어.

I **have visited** an Indian restaurant many times.
나는 인도 식당을 여러 번 가봤어.

Practice

다음의 우리말을 영어로 표현해 보세요.

나는 스시를 먹어봤다.

제인은 아일랜드에 가본 적이 없다.

UNIT 22 현재완료 시제 (3)

I **have lost** my passport.

여권을 분실했습니다.

? 현재완료로 표현할 수 있는 또 다른 것은 뭐예요?

Mom's Check Point!

- 과거에 발생한 일의 결과가 현재까지도 같을 때, 현재완료를 쓰는데요, 이것을 현재완료의 결과 용법이라고 해요.

▸ **현재완료 결과**: 과거에 일 발생→현재에도 결과가 같음

▸ He **has broken** the window.

그는 창문을 깼다. (그 결과 창문이 지금도 깨진 채로 있다)

- 단순한 과거와 현재완료는 달라요.

▸ 과거: I **lost** my passport.

(과거에 잃어버린 여권을 지금은 찾았을 수도, 못 찾았을 수도 있음)

▸ 현재완료: **I've lost** my passport.

(과거에 잃어버린 여권을 여전히 못 찾음)

- 현재완료 수동태는 [have (has) been + p.p.] 로 나타내요.

▸ **I've washed** my car. ⇨ My car **has been washed.** 내 차는 세차 되었다.

▸ **I've made** a cake. ⇨ A cake **has been made.** 케이크가 만들어 졌다.

과거에 발생한 일의 결과가 지금도 같은 경우를 표현해 볼까요?

She**'s washed** the dishes.
그녀는 설거지를 했다. (지금도 그릇이 깨끗함)

We**'ve repaired** your car.
우리는 당신의 차를 고쳤어요. (지금 당신의 차는 ok)

She**'s gone** to America.
그녀는 미국으로 떠났어. (그래서 여기에 없음)

I**'ve painted** the wall.
나는 벽에 페인트 칠을 했다. (그래서 지금 페인트가 칠해져 있음)

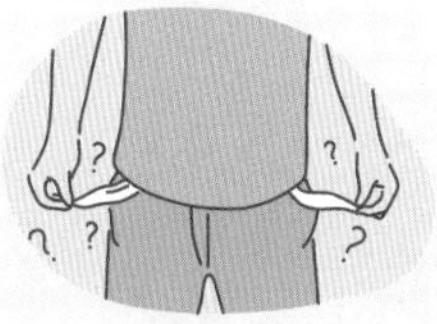

I**'ve lost** my keys.
열쇠를 잃어버렸어. (그래서 지금 열쇠가 없음)

Practice

다음의 우리말을 영어로 표현해 보세요.

에드워드는 팔이 부러졌다. (현재에도 부러진 상태)

제인은 그녀의 용돈을 모두 써버렸다. (지금 한 푼도 없는 상태)

CHAPTER 05

조동사

UNIT 23 can

I can ride a bike.

나는 자전거를 탈 수 있어.

? 조동사는 동사인가요? 왜 이름이 조동사인가요?

Mom's Check Point!

- 조동사의 '조'는 돕는다는 뜻으로 동작의 의미는 없고 진짜 동사를 도와서 의미만 부여해요. can 은 할 수 있다는 능력만 표현하고, 무엇을 할 수 있는지는 동사원형을 써야 해요.
  - I <u>**can**</u> <u>ride</u> a bike. 나는 자전거를 탈 수 있어. (능력)
    능력 동사원형
  - She <u>**can**</u> <u>speak</u> English. 그녀는 영어를 말할 수 있다. (능력)
    능력 동사원형

- 부정문 (can't)은 '할 수 없다' 또는 '~일리가 없다'를 의미해요.
  - I **can't** swim. 나는 수영을 할 수 없어.
  - Mary **can't** like meat. She's a vegetarian.
    마리가 고기를 좋아할 리가 없어. 그녀는 채식주의자야.

- '~해도 되나요?'라고 허락을 구할 수도 있어요.
  - **Can we** take pictures here? 여기서 사진 찍어도 되나요?

- Can (Could) you~? 는 '~해 주시겠어요?'라는 뜻이에요.
  - **Could you** take me home? 저를 집에 데려다주실 수 있어요?

조동사 can 을 이용한 문장을 볼까요?

He **can play** the guitar.
그는 기타를 칠 수 있어. (능력)

Can he **read**?
그는 읽을 수 있나요? (능력)

You **can't be** a bird.
네가 새 일리가 없어. (~일리가 없다)

Can I **come in?**
들어가도 되나요? (허락 구하기)

Can (Could) you **help** me?
저 좀 도와주실 수 있어요? (부탁)

Practice

다음의 우리말을 영어로 표현해 보세요.

마크는 운전 할 수 있니? (능력 묻기)

그 사람이 메리일 리가 없어. (~일리가 없다)

UNIT 24 may, might

It **might** rain tomorrow.

내일 비가 올지도 몰라. (추측)

엄마, may 나 might 도 조동사인가요? 이건 언제 써요?

Mom's Check Point!

- may 와 might 는 어떤 일이 일어날 가능성을 추측할 때 써요. 둘 다 같은 뜻이에요. may 나 might 는 가능성만 표현하고, 무슨 일이 있을 수 있는지는 동사원형으로 나타내요.

  - He **may**(추측) get(동사원형) there in time. 그는 시간 내에 거기 도착 할지도 몰라.
  - It **might**(추측) rain(동사원형) tomorrow. 내일 비가 올지도 몰라.

- may 는 '~해도 된다'라는 허락을 나타내기도 해요.

  - You **may come in**. 들어와도 돼.
  - You **may borrow** up to six books. 너는 책을 여섯 권까지 대출할 수 있다.

- May I~? 라고 물어보면 공손하게 '~해도 되나요?'라고 허락을 구하는 말이 돼요. Can I~? 보다 공손한 표현이에요.

  - **May I** ask you a question? 질문 하나 해도 될까요?
  - **May I** use your phone? 당신의 전화기 좀 써도 될까요?

Jenny 와 Joe 의 대화를 통해서 may 나 might 로 가능성을 표현해 볼까요?

Jenny: What are you going to do tomorrow?

제니: 내일 뭐 할 거야?

Joe: I'm not sure. I **might go** shopping with Sandy.

조: 잘 몰라. 샌디와 쇼핑 갈지도 몰라.

Jenny: I **may throw** a party tomorrow.
Can you join us?

제니: 나 내일 파티 열지도 몰라. 함께 할 수 있니?

Joe: Why are you throwing a party?

조: 왜 파티 할 건데?

Jenny: I've been promoted.

제니: 나 승진했어.

Joe: Wow! I don't know yet,
but I **might come** to the party. I'll ask Sandy.

조: 와우! 아직은 잘 모르겠지만, 파티에 갈지도 몰라. 샌디에게 물어볼게.

Practice

다음의 우리말을 영어로 표현해 보세요.

내일 추울지도 몰라.

....

제인은 오늘 저녁에 영화 보러 갈지도 몰라.

....

UNIT 25 must

Passengers **must** go through passport control.

승객들은 여권 심사대를 반드시 거쳐야 한다.

must 는 무슨 의미로 언제 쓰나요?

Mom's Check Point!

- 조동사 must 는 '반드시~해야 한다'는 강한 의무를 나타내요. must 는 의무만 나타내고, 무엇을 해야 하는지는 동사원형으로 나타내요.

  - Passengers **must** go through passport control.
    (must: 의무, go through: 할 일(동사원형))
    승객들은 여권 심사대를 반드시 거쳐야 한다.
  - We **must** pay taxes. 우리는 반드시 세금을 내야 한다.
    (must: 의무, pay: 할 일)

- 해서는 안 된다는 강한 금지는 must not 으로 해요.

  - You **must not** smoke in the museum. 박물관에서 담배를 피우면 안 돼.

- must 는 '분명히~할 것이다'라는 강한 추측도 표현해요.

  - He **must** be hungry. 그는 배고픈 것이 틀림없어. ('배고파야 한다'라고 해석하면 이상하죠!)

- must 가 명사로 쓰이면, 꼭 해야 하는 것 (먹을 것, 살 것)이에요.

  - Regular exercise is **a must**. 규칙적인 운동은 꼭 해야 하는 것이야.
  - This book is **a must**. 이 책은 필독서야.

조동사 must 를 이용하여 표현해 볼까요?

You **must arrive** on time.
제시간에 도착해야 해.

You **must be** quiet.
조용해야 해.

You **must purchase** tickets.
티켓을 사야 해.

You **must not eat** food here.
여기서 음식을 먹으면 안 돼.

You **must not** touch the paintings.
그림들을 만지면 안 돼.

Practice

다음의 우리말을 영어로 표현해 보세요.

제인은 그녀의 아기를 돌봐야만 해.

내 열쇠는 틀림없이 차 안에 있을 거야.

UNIT 26 have (has) to

I **have to** do my homework.

나는 숙제를 해야만 해.

? [have to 동사]는 왜 쓰나요? '~을 소유하다'의 have 와 다른 건가요?

Mom's Check Point!

- [have to + 동사원형]은 반드시~해야 한다는 뜻이에요.

- must 는 너무 강한 느낌이라서 일상적인 대화에서는 have to 를 주로 써요.

  - You **have to** fasten your seat belt. 너는 안전벨트를 매야 해.
    (have to: 의무 / fasten: 할 일)
  - I **have to** do my homework. 나는 숙제를 해야 해.
    (have to: 의무 / do: 할 일)

- 주어가 3인칭 단수일 때는 has to 를 써요.

  - Jane **has to** take medicine. 제인은 약을 먹어야 해.
    (Jane: 3인칭 단수 / has to: 의무 / take: 할 일)
  - Mark **has to** go to bed early. 마크는 일찍 자야 해.
    (Mark: 3인칭 단수 / has to: 의무 / go: 할 일)

- [don't / doesn't have to + 동사원형]의 해석에 주의하세요!

  '~해서는 안 된다'라고 하지 말고 '~할 필요가 없다'라고 해야 해요.

  - I **don't have to** go on a diet. 나는 다이어트 할 필요 없어.
  - Tom **doesn't have to** go to work on Sunday. 톰은 일요일에 출근할 필요 없어.

have to / has to 를 이용하여 의무를 표현해 보아요.

You **have to get up** at 7 a.m.
너는 오전 7시에 일어나야 해.

My grandmother **has to see** the doctor today.
할머니는 오늘 진찰을 받아야 해.

Jane **doesn't have to carry** an umbrella.
It's sunny today.
제인은 우산을 가지고 갈 필요가 없어. 날씨가 화창해.

I **don't have to make** dinner.
My husband will cook.
나는 저녁밥을 안 해도 돼. 남편이 요리할 거야.

I **have to feed** my dog.
나는 강아지 먹이를 주어야 해.

Practice

다음의 우리말을 영어로 표현해 보세요.

샌디는 이 책을 도서관에 반납해야 해.

너는 이 책을 살 필요가 없다. 도서관에서 빌릴 수 있어.

UNIT 27 should

You **should** cut down on sweet food.

너는 단 음식을 줄여야 해.

? should 도 '해야 한다' 아닌가요? 그러면 must 나 have to 랑 같나요?

Mom's Check Point!

- must 나 have to 는 의무를 나타내지만, should 는 그런 뜻이 아니고 '~하는 것이 좋겠다'는 조언이나 제안 정도의 표현이에요. 조동사 다음에 동사원형이 나와요.

  ▸ You **should** **cut down** on sweet food. 너는 단 음식 좀 줄이는 것이 좋겠어.
  (should: 하는 것이 좋겠다 / cut down: 할 일(동사원형))

- 꼭 해야 하는 의무적인 일인지 아닌지 보고 자연스러운 조동사를 선택하면 돼요!

  ▸ You **have to** buy a ticket to get on a plane.
  비행기를 타려면 티켓을 사야 해. (반드시 해야 하는 일)

  ▸ You **should** put on your coat because it's cold outside.
  밖이 추우니 코트를 입는 것이 좋겠어. (조언, 지혜로운 의견)

- 부정문은 should + not (= shouldn't) 이고 '~하지 않는 게 좋겠다'라는 조언이에요.

  ▸ You **shouldn't** **exercise** too much. 운동을 너무 많이 하면 안 된다.

should 나 shouldn't 를 이용하여 조언이나 제안을 해봐요.

Jane: Is it raining?

제인: 비 오고 있니?

Mark: Yes, you **should take** an umbrella.

마크: 그래. 우산 갖고 가는 게 좋겠다.

Jane: I'm so tired. I studied too hard.

제인: 아주 피곤해. 너무 열심히 공부했어.

Mark: You **should take** some rest.

마크: 너 좀 쉬는 것이 좋겠다.

Mark: I was too drunk to remember anything about the party.

마크: 나는 너무 취해서 파티에 대해 아무것도 기억 못했어.

Jane: You **shouldn't drink** too much.

제인: 너 술을 너무 많이 마시지 않는 게 좋겠다.

Practice

다음의 우리말을 영어로 표현해 보세요.

너 면접 전에 머리를 자르는 것이 좋겠다.

네가 잠자기 전에 커피를 마시지 않는 것이 좋겠어.

UNIT 28 would

Would you like some coffee?

커피 드릴까요?

? 상대방에게 공손하게 제안하고 싶을 때는 어떻게 말해요?

Mom's Check Point

- would 의 쓰임은 다양하지만 공손하게 제안하는 경우부터 알아볼까요?

- Would you like + 명사?: '~을 드릴까요?' 또는 '~를 원하세요?'라며 공손하게 권하는 표현이에요.

  - **Would you like** (드릴까요?) some coffee (명사)? 커피 드릴까요?
  - **Would you like** a ride? 차 태워 드릴까요?

- Would you like to + 동사: '~하실래요?'라며 어떤 일을 하길 제안하는 표현이에요.

  - **Would you like to** (~하실래요?) come in (동사)? 들어오실래요?
  - **Would you like to** have lunch with me? 저와 함께 점심 드실래요?

- [Would you like to + 동사] 에서 언제, 어디서, 어떻게 등의 의문사를 맨 앞에 쓸 수 있어요. 대답은 [I'd like to + 동사]로 하면 돼요.

  - **What** (무엇을) + would you like to do (하고 싶으세요?)? 무엇을 하고 싶으세요?
  - **How** (어떻게) + would you like to pay (지불하고 싶으세요?)? 어떻게 지불하고 싶으세요?

공손하게 제안하고 대답하는 연습을 해볼까요?

Jane: **Would you like** a refill?

제인: 리필 해 드릴까요?

Mark: Yes, please.

마크: 네, 좋아요.

Jane: **Would you like to** order anything else?

제인: 그 밖에 다른 것 주문하실건가요?

Mark: No, it's okay. Thank you.

마크: 아니요. 고마워요.

Jane: **What would you like to** eat?

제인: 뭐 먹고 싶어요?

Mark: **I'd like to** eat pizza.

마크: 피자 먹고 싶어요.

Jane: **Where would you like to** go?

제인: 어디 가고 싶으세요?

Mark: **I'd like to** go to the museum.

마크: 박물관에 가고 싶어요.

Practice

다음의 우리말을 영어로 표현해 보세요.

영수증 드릴까요?

....

무엇을 마시겠어요?

....

UNIT 29 조동사 + have p.p.

You **should** have studied harder.

넌 더 열심히 공부했어야 해.

조동사 다음에 have + 과거분사(P.P.) 가 오면 무슨 뜻인가요?

Mom's Check Point

- 조동사 다음에 have + 과거분사 (p.p.)를 쓰면 과거 속 이야기가 됩니다.

- must + have + 과거분사: ~했었음이 틀림없어
  (과거에 틀림없이 ~했을 거라는 강한 추측)
  - He **must have lost** his dog. 그는 틀림없이 그의 개를 잃어버렸을 거야.

- may (might) + have + 과거분사 : ~했었을지도 몰라
  (과거에 그랬을지도 모른다는 추측)
  - Jane **might have seen** the movie. 제인은 그 영화를 봤을지도 몰라.

- should + have + 과거분사: ~했어야 했어 (과거의 후회)
  - She **should have been** more careful. 그녀는 좀 더 조심했어야 했어.

- cannot + have + 과거분사: ~ 했을 리가 없다
  (과거에 어떤 일을 했을 가능성이 없다는 추측)
  - He **cannot have told** a lie. 그가 거짓말을 했을 리가 없어.

조동사에 have + 과거분사를 사용하여 표현해 볼까요?

A: The train arrives at eight but Jane arrived at the station at eight ten.

A: 기차는 8시에 도착하지만 제인은 8시 10분에 역에 도착했어.

B: Jane **might have missed** the train.

B: 제인은 기차를 놓쳤을거야.

A: Mark had nothing to eat.

A: 마크에게 먹을 것이 없었어.

B: He **must have been** hungry.

B: 그는 틀림없이 배고팠을 거야.

A: There's too much trash.

A: 쓰레기가 너무 많아.

B: We **should have protected** nature.

B: 우리는 자연을 보호했어야 했어.

A: Joe hit my brother.

A: 조가 내 동생을 때렸어.

B: He **cannot have done** such a thing.

B: 그가 그런 짓을 했을 리가 없어.

Practice

다음의 우리말을 영어로 표현해 보세요.

마크가 창문을 깬 것이 틀림없어.

....

우리는 예약을 했어야 해.

....

CHAPTER 06

수동태

UNIT 30 수동태 (1)

The wall was painted by Mark.

벽이 마크에 의해서 칠해졌다.

? 엄마, 수동태가 무슨 뜻이에요?

Mom's Check Point

- 수동태는 주어가 동작을 하는 게 아니고, 누군가에 의해 되어진다는 뜻이에요. 주어와 동사와의 관계를 봐야 해요.
  - **능동태**: 마크는 벽에 페인트칠했다. (주어가 동작을 스스로 함)
  - **수동태**: 벽은 마크에 의해서 칠해졌다. (주어는 동작이 되어 짐)

- 수동태는 [be 동사 + 과거분사 (p.p.)]로 해요. 동사의 3단 변화를 보고 과거분사 형태를 알고 있어야 해요.
  - My room **was cleaned** by me. (was cleaned: be+p.p. / by me: 나에 의해서)
    내 방은 나에 의해 치워졌어. (과거 일은 be 동사를 과거로)
  - The flowers **were delivered** this morning.
    꽃이 오늘 아침에 배달됐다. (누구에 의해서를 밝힐 필요 없으면 by ~ 생략 가능)
  - James **is loved** by Mary. 제임스는 메리에 의해서 사랑받아.

수동태 문장을 연습해 볼까요?

It **was designed** by Jane.
그것은 제인에 의해 디자인되었어.

The window **was broken** by your son.
당신의 아들에 의해서 창문이 깨졌어.

The building **was built** 150 years ago.
그 빌딩은 150년 전에 지어졌어.

The Old Man and the Sea **was written** by Hemingway.
노인과 바다는 헤밍웨이에 의해 쓰였어.

French **is spoken** in France.
불어는 프랑스에서 사용된다.

Practice

다음의 표현을 수동태로 만들어 보세요.

제 딸은 미스터 화이트에게 배웁니다.

....

한글은 세종대왕이 창제했습니다.

....

UNIT 31 수동태 (2)

The meeting **will be held** tomorrow.

내일 회의가 열릴 것이다.

? '~되어질거야' '~되어져야한다' 처럼 조동사가 필요한 경우는 어떡해요?

Mom's Check Point

- will, can, must 등의 조동사가 있는 수동태문장은 [조동사 + be + 과거분사] 로 해요. (조동사 다음에는 동사원형이 와야 해서 be + 과거분사(p.p.) 를 써요)

- A meeting <u>**will**</u> <u>**be held**</u>. 회의가 열릴 것이다.
  조동사 be+p.p.
- Your car **will be repaired**. 너의 차가 수리될 것이다.
- A meeting **can be held**. 회의가 열릴 수 있다.
- This computer **can be repaired**. 이 컴퓨터는 수리될 수 있다.
- A meeting **must be held**. 회의가 열려야만 한다.
- Your promise **must be kept**. 너의 약속은 지켜져야 한다.

- 수동태도 진행형이 있어요. 가운데에 being만 추가하면 돼요. [be + being + 과거분사] 의미는 '~되는 중이다'에요.

- A bridge <u>**is**</u> <u>**being**</u> <u>**built**</u>. 다리가 건설되는 중이야.
  be being p.p.
- Dinner **was being prepared**. 저녁 식사가 준비되는 중이었어.

조동사가 있는 수동태와 진행형 수동태 연습을 해볼까요?

A cake **will be made** for the party.
파티를 위해서 케익이 만들어질 거야.

This garment **must be dry-cleaned** only.
이 의류는 반드시 드라이클리닝 되어야 한다.

Dinner **is being made**.
저녁 식사가 되는 중이야.

A letter **is being written** by him.
편지가 쓰여지고 있어. (그에 의해)

You **will be invited** to the party.
너는 파티에 초대될 거야.

Practice

다음의 영어를 수동태로 표현해 보세요

초대장이 보내질 거야.

너의 시계는 수리되는 중이야.

CHAPTER 07

의문사 의문문

UNIT 32 who 의문문

Who is your mother?

누가 너의 엄마니?

? 엄마, '넌 누구니?'처럼 '누구'가 궁금할 때는 어떻게 물어요?

Mom's Check Point

- who는 '누가?' '누구를?' '누구랑?' 등 '누구'가 궁금할 때 써요.

- '~는 누구니?'는 who + be 동사 + 주어?

  - **Who** is he? 그는 누구니?
    의문사 be동사 ↳주어
  - **Who** are you? 너는 누구니?

- '누구를 ~하니?'는 who + do(does, did) + 주어 + 동사원형?

  - **Who** do you respect? 너는 누구를 존경하니?
    의문사 do 주어 동사원형

    tip '누구를'은 목적격 whom을 써야 하지만 회화에서는 whom은 잘 안 쓰고 who를 써요.

  - **Who** do you teach? 너는 누구를 가르치니?

- '누가~하니?'는 의문사가 주어 역할을 하고 뒤에 동사가 와요.

  who + 동사?

  - **Who** wants pizza? 누가 피자를 원하니?
  - **Who** sent the flowers? 누가 그 꽃을 보냈니?

who를 이용하여 연습해 볼까요?

◦ **Who** is she?

그녀는 누구니?

◦ **Who** are they?

그들은 누구니?

◦ **Who** do you like?

너는 누구를 좋아하니?

◦ **Who** do you support?

너는 누구를 지지하니?

◦ **Who** likes this color?

누가 이 색깔을 좋아하니?

◦ **Who** wants coffee?

누가 커피를 원하니?

◦ **Who** do you study with?

너는 누구랑 공부하니?

◦ **Who** do you work with?

너는 누구랑 일하니?

Practice

영어로 표현해 보세요.

저 소년은 누구니?

....

기차에서 누구를 보았니?

....

UNIT 33 what 의문문

What do you do?

무슨 일 하세요?

‘무엇이’ ‘무엇을’ 같은 의문은 어떻게 물어봐요?

Mom's Check Point

- ‘무엇’에 대해 물을 때 what 을 쓰면 돼요.
  - **What** is this? 이게 뭐니?

    tip "What's this?" 라고 줄여서 말하는 것이 자연스러워요.
  - **What** is that? 저게 뭐니?
  - **What** is your name? 너의 이름이 뭐니?

- ‘무엇을~하니?’라는 질문은 [What do you~?]로 해요.
  - **What do you** do? 무엇을 하세요? (직업 묻기)
  - **What do you** wear at work? 일할 때 무엇을 입으세요?

- [what + 명사]는 ‘무슨~’라는 뜻이에요.
  - **What color** do you like? 무슨 색을 좋아하니?
  - **What season** do you like? 무슨 계절을 좋아하니?

- what / which: 막연하게 ‘무엇’을 물으면 what 을,
  선택할 수 있을 때는 which 를 써요.

- **What color** do you like? 무슨 색을 좋아하니?
- **Which color** do you like, red or blue? 빨간색과 파란색 중 어느 색을 좋아하니?

tip 선택할 사항이 주어졌으므로 which로 물음

의문사 what을 이용한 다양한 질문을 연습해 볼까요?

- **What** is it?

  그게 뭐니?
- **What** is your plan?

  너의 계획이 뭐니?
- **What** do you learn?

  너는 무엇을 배우니?
- **What** do you eat for lunch?

  점심때 무엇을 먹니?
- **What** is in the box?

  박스 속에 무엇이 있니?
- **What** is in the soup?

  스프 속에 무엇이 있니?
- **What color** is your car?

  너의 차는 무슨 색이니?
- **What day** is it today?

  오늘 무슨 요일이지?

Practice

what / which 중 적절한 것을 쓰세요.

______________ do you want to do this Sunday?

______________ dress is prettier, the blue one or the red one?

UNIT 34 where, when, why 의문문

Where is the exit?

출구가 어디인가요?

언제, 어디서, 왜 는 어떻게 물어봐요?

Mom's Check Point

- where 는 '어디?', when 은 '언제?', why 는 '왜?'를 묻기 위해 써요.

의문사 (wh-) + be 동사 + 명사?

- **Where** is the bus stop? 정류장 어디니?
- **When** is your birthday? 너의 생일은 언제니?
- **Why** is he late? 그는 왜 늦나요?

의문사 (wh-) + do you + 동사원형?

- **Where** do you live? 너 어디 사니?
- **When** do you have lunch? 너는 언제 점심을 먹니?
- **Why** do you work out? 너는 왜 운동을 하니?

- 기본 구조에서 주어와 시제를 다양하게 변화시킬 수 있어요.

- **Where are** the students? 학생들은 어디에 있니?
- **Where were** you? 너는 어디에 있었니?
- **When did** you have lunch? 너는 언제 점심을 먹었니?
- **Why does** he learn English? 그는 왜 영어를 배우니?

의문사를 바꿔가며 다양한 질문을 해 볼까요?

A: **Where** did he go?

그는 어디에 갔었니?

B: He went to the movies.

영화 보러 갔었어.

A: **Where** does he live?

그는 어디 사니?

B: He lives in London.

런던에서 살아.

A: **When** does he feel great?

그는 언제 기분이 좋니?

B: When he takes a shower.

그가 샤워할 때.

A: **When** did he leave?

그는 언제 떠났니?

B: Two hours ago.

두 시간 전에.

A: **Why** was he sleepy?

그는 왜 졸음이 왔니?

B: Because he didn't sleep well.

잠을 잘 못 잤기 때문이야.

Practice

다음의 우리말을 영어로 표현해 보세요.

너는 왜 기차를 놓쳤니?

너의 부모님들은 어디서 사시니?

UNIT 35 how 의문문

How is the weather today?

오늘 날씨 어때?

엄마, how 도 의문사 맞죠? how 로는 무엇을 묻나요?

Mom's Check Point

How 로 물을 수 있는 질문은 크게 세 가지에요.

- **어떠한 (상태 묻기)**: 날씨 어때?
- **어떻게 (방법 묻기)**: 어떻게 왔니?
- **얼마나 (정도 묻기)**: 얼마나 비싸니?

How + be 동사~?: ~는 어떠하니?

- **How is** your mom? 너의 엄마는 어떠시니?
- **How is** the weather today? 오늘 날씨 어떠니?
- **How was** your trip? 여행 어땠어?

How do you 동사원형~?: 너는 어떻게 ~하니?

- **How do you** go to school? 너 어떻게 학교 가니?
- **How do you** deal with stress? 너는 스트레스를 어떻게 다스리니?
- **How did you** open the door? 너 어떻게 문을 열었니?

How + 형용사 / 부사: 얼마나 ~하니?

- **How tall** is he? 그는 키가 얼마나 크니?
- **How fast** can you run? 너는 얼마나 빨리 달릴 수 있니?

주어와 시제를 바꿔가며 다양한 표현을 해 볼까요?

How is your grandma?
너의 할머니 어떠시니?

How was Justin's birthday party?
저스틴의 생일파티 어땠어?

How did they fix the bicycle?
그들은 어떻게 그 자전거를 고쳤니?

How do I use this microscope?
이 현미경 어떻게 사용하나요?

How much is it?
얼마에요?

Practice

다음의 우리말을 영어로 표현해 보세요.

기차역이 얼마나 먼가요?

지하철역에 어떻게 갈 수 있나요?

CHAPTER 08

명사와 대명사

UNIT 36 a 와 an

I ate an apple and a banana.

나는 사과 한 개와 바나나 한 개를 먹었어.

? a나 an은 왜 쓰나요? 그리고 언제 a를 쓰고 언제 an을 써요?

Mom's Check Point

- 사람이나 사물이 하나면 단수 (단세포도 세포 하나죠) 둘 이상이면 복수라고 해요.

- 사물이 하나면 '하나'라는 뜻으로 a (an) 이나 one 을 써 주어야 해요. a (an) 는 '하나'라는 뜻이에요.

▸ **a** book 책 한 권 = **one** book (보통은 a를 써요)
하나

- 그런데 언제 a 를 쓰고 언제 an 을 쓸까요?

▸ a 바로 다음에 오는 명사는 자음 발음으로 시작돼요.

a	pen (펜) man (맨) boy (보이) cat (캣) lion (라이언) house (하우스)	⇨	단어의 첫 발음이 자음

▸ an 바로 다음에 오는 명사는 모음발음 (아, 에, 이, 오, 우)으로 시작돼요.

an	egg (에그) orange (어린쥐) apple (애플) igloo (이글루) arm (아r암) umbrella (엄브렐러)	⇨	단어의 첫 발음이 모음

✔ 단어 첫 철자가 모음이라 해도 자음발음이면 a 를 써요.

▸ **a** university: 유니버시티 (유 [j]는 자음발음)

▸ **a** European team: 유럽피언 (유 [j]는 자음발음)

▸ **a** one way ticket: 원웨이 (워 [w]는 자음발음)

✔ 단어 첫 발음이 모음이면 an 을 써요.

▸ **an** MP3 player: 엠피쓰리 (첫 발음 엠의 에[e]는 모음발음)

▸ **an** hour: 아워 (h가 ㅎ발음이 아니고 '아' [a]로 모음발음)

▸ **an** FBI agent: 에프비아이 (첫 발음 에 [e]는 모음발음)

▸ **an** x-ray: 엑스레이 (첫 발음 에 [e]는 모음발음)

tip a를 쓰느냐 an을 쓰느냐는 관사 바로 다음에 오는 말의 첫 발음에 달려있다는 것을 기억하세요!

Practice

다음의 단어 앞에 a 또는 an 을 쓰세요.

________________ hat

________________ expensive car

UNIT 37 the

They fixed **the car**.

그들은 그 차를 고쳤어.

엄마, 관사가 뭐예요? 부정관사와 정관사는 어떻게 달라요?

Mom's Check Point

- 명사 앞에 쓰는 것이 관사예요. 관사에는 a(an) 와 the 가 있어요.
- 부정관사 a (an): 특별히 정해지지 않은 막연한 사람 또는 사물 '하나'라는 뜻.
- 정관사 the: 어느 사람이나 사물을 가리키는지 아는 명사 앞에서 '그'라는 뜻.

▸ **a book** 책 하나 (어느 책을 가리키는지 모름)
하나의 책

▸ **the book** 그 책 (어느 책을 가리키는지 아는 그 책)
그 책

- 정관사의 '정'은 정해졌다는 뜻이니까 어떤 것을 가리키는지 서로 알아요.

▸ They repaired **the car**. 그들은 그 차를 수리했어요.
어떤 차를 가리키는지 다 아는 그 차

- 명사에 s 를 붙이면 여러 개를 나타내요.

▸ I need **books**. 나는 책이 몇 권 필요해. (어떤 책들인지 모름)

▸ I need **the books**. 나는 그 책들이 필요해. (어떤 책들인지 아는 경우)

▸ **Students** wear uniforms. 학생들은 교복을 입어. (어떤 학생들인지 모름)

▸ **The students** wear their uniforms.
그 학생들은 그들의 교복을 입어. (어떤 학생들인지 아는 경우)

부정관사와 정관사를 문장으로 비교해 볼까요?

- I need **a book**.

난 책 하나 필요해.

- I need **the book**.

난 그 책이 필요해.

- Can I borrow **some plates**?

접시들 좀 빌릴 수 있을까?

- Can I borrow **the plates**?

그 접시들 좀 빌릴 수 있을까?

- I bought **some oranges**.

나는 오렌지 몇 개를 샀어.

- I bought **the oranges**.

나는 그 오렌지들을 샀어.

- I saw **a house**.

난 집 하나를 보았어.

- I saw **the house**.

난 그 집을 보았어.

Practice

영어 문장을 만들어 보세요.

제인은 고양이 한 마리를 가지고 있어.

제인은 그 고양이를 가지고 있어.

UNIT 38 복수 명사

I have a lot of **books**.

나는 많은 책을 가지고 있다.

? 엄마, 복수 명사라는 것을 어떻게 표현해요?

Mom's Check Point

- 사람 또는 사물이 둘 이상인 경우를 복수라고 해요.

  복수는 그 명사의 끝에 s 를 붙여서 복수라는 표시를 해줘야 돼요.

  - **a** book 책 한 권 (단수)
    하나 단수명사
  - **two books** 책 두 권 (복수)
    두개 복수명사

- 복수 명사에 주로 s 를 붙이지만 그렇지 않은 경우도 있어요.

  명사 끝이 '압력밥솥 소리'를 내는 경우에요. 즉 스, 츠, 쉬, 치, 같은 소리에

  바로 s 를 붙여 봤자 표가 안 나니 es 를 붙여요.

  - a chur**ch** (교회 하나)
    압력밥솥 소리
  - church**es** (교회들)
    복수명사

- y 로 끝나는 명사 ⇨ y 를 없애고 ies

  - party ⇨ parties
  - baby ⇨ babies

- f 나 fe 로 끝나는 명사 ⇨ f, fe 를 없애고 ves

  - leaf ⇨ leaves
  - knife ⇨ knives

그 밖에도 불규칙한 복수명사들이 있어요.

- foot ⇨ feet
- child ⇨ children
- woman ⇨ women
- tooth ⇨ teeth

다음의 문제를 풀면서 복수명사를 익혀볼까요?

◦ I bought a lot of ~~apple~~.

apple ⇨ **apples**

◦ Three ~~woman~~ are wearing headbands.

woman ⇨ **women**

◦ Two ~~child~~ are playing computer games.

child ⇨ **children**

◦ I collected beautiful ~~leafs~~.

leafs ⇨ **leaves**

◦ There are many ~~boxs~~.

boxs ⇨ **boxes**

Practice

다음 문장에 맞게 명사의 복수를 바르게 쓰세요.

Brush your ~~tooths~~.

....

We bought five ~~peachs~~.

....

UNIT 39 셀 수 있는 (없는) 명사

I have a lot of **money**.

난 돈이 많아.

? 셀 수 없는 명사들에는 어떤 것들이 있나요?

Mom's Check Point

- 명사는 셀 수 있는 명사와 셀 수 없는 명사로 나뉘어요. 셀 수 있는 명사는 너무 많으니, 셀 수 없는 명사들을 알아볼까요?
  - **액체**: water, milk, wine, juice (줄줄 흘러서 못 세요)
  - **가루**: salt, sugar, sand, flour (너무 작은 입자라 못 세요)
  - **추상명사**: love, honesty, advice, happiness (추상적이라 모양이 없어서 못 세요)
  - **종류를 대표하는 것**: money, furniture, equipment, information (여러 종류를 대표하는 개념이라 못 세요)

  tip money는 원화, 달러, 엔화 등을 대표하는 개념, furniture는 책상, 침대, 의자 등 가구 종류를 대표하는 개념이에요.

- 셀 수 있는 것은 세줘야 해요! 하나면 하나라고 a 를, 여러 개면 명사 뒤에 s 를 써줘요.
  - a book 책 하나 ⇨ books 책들
  - a tree 나무 하나 ⇨ trees 나무들

- 셀 수 없는 명사에 하나라는 뜻의 a 나 복수의 s 를 붙여도 안 돼요.
  - money (○)
  - a money (×)
  - moneys (×)

- 셀 수 없는 명사도 상품의 단위로 몇 개인지는 표현할 수 있어요.
  - **A coffee** please. 커피 하나 주세요.
  - **Two coffees** please. 커피 두 개 주세요.

다음 문장에서 틀린 부분을 찾아볼까요?

- I need a lot of ~~moneys~~.

⇨ money

- He gave me three ~~advices~~.

⇨ advice

- I need ~~125 sugars~~.

⇨ sugar

- I drink ~~milks~~ in the morning.

⇨ milk

- We need to buy ~~a furniture~~.

⇨ furniture

Practice

다음 문장을 영어로 표현하세요.

나는 두 명의 언니가 있어.

....

더 많은 정보를 위해서 미스터 김에게 전화하세요.

....

UNIT 40 대명사 (주격)

This is my brother. **He** is a student.

이 사람은 내 형이야. 그는 학생이야.

대명사가 뭐에요?

Mom's Check Point

- 대명사는 이미 언급된 명사를 대신 쓰는 말이에요. 예를 들면,
  Sandra is my friend. She lives in New York.
  (산드라는 내 친구야. 그녀는 뉴욕에서 살아.) 라는 문장에서 Sandra 를 반복해서 말하지 않고 she 로 바꾸었으니 she 는 대명사에요.

- 주어역할을 하는 대명사를 알아볼까요?

▸ I 나는

▸ you 너는 (한 명) / 너희들은 (2명 이상)

▸ he 그는

▸ she 그녀는

▸ we 우리는

▸ they 그들은, 걔네는 (사람들), 그것들은 (사물 복수)

▸ it 그것은 (사물 한 개)

이미 한 번 나온 말을 대명사로 바꾸어 볼까요?

◦ Paul and Mark are friends. **They** are painters.

폴과 마크는 친구입니다. 그들은 화가입니다.

◦ This is my aunt. **She** likes playing the piano.

이 분은 나의 이모입니다. 그녀는 피아노 연주를 좋아합니다.

◦ I bought some oranges. **They** are fresh.

나는 오렌지를 몇 개 샀습니다. 그것들은 신선합니다.

◦ My sister is reading a book. **It** is interesting.

언니는 책을 읽고 있어요. 그것은 흥미로워요.

◦ I and Andrew got married. **We** are newlyweds.

나는 앤드류와 결혼했어요. 우리는 신혼부부예요.

◦ I saw her father. **He** was crossing the street.

나는 그녀의 아빠를 보았어. 그는 길을 건너고 있었어.

Practice

밑줄 친 부분을 대명사로 바꾸어 빈칸에 쓰세요.

You and your friends have a test. ____________________ should study hard.

My father is sleeping now. ____________________ is snoring.

UNIT 41 대명사 (목적격)

He loves **me**.

그는 나를 사랑해.

? 엄마, '나를' '너를' 처럼 '누구를'을 어떻게 나타내면 되나요?

Mom's Check Point

- '나를' '너를' 처럼 ~을, ~를 은 목적격이라고 해요.
  목적격 형태와 목적격이 언제 필요한지 알아볼까요?

주격: I / you / he / she / it / we / they

목적격: me / you / him / her / it / us / them

- '~을' '~에게' 그리고 전치사 다음에는 목적격을 써요.

- This is Jane. I love **her**. 이 사람이 제인이야. 나는 **그녀를** 사랑해. (~을)
- Mark is my friend. I met **him** in high school.
  마크는 내 친구야. 난 **그를** 고등학교 때 만났어. (~을)
- When I met Jane, I gave **her** a book.
  제인을 만났을 때 나는 **그녀에게** 책 한 권을 주었어. (~에게)
- I sent **her** an invitation. 나는 **그녀에게** 초대장을 보냈어. (~에게)
- Today is Jane's birthday. This cake is **for her**.
  오늘은 제인의 생일이야. 이 케이크는 **그녀를 위한** 거야. (전치사 다음)
- I study **with her**. 나는 **그녀와 함께** 공부해. (전치사 다음)

다음 문장을 목적격을 써서 표현 해봐요.

People call **her** Jane.
사람들은 그녀를 제인이라고 불러.

I borrowed these books. I have to read **them**.
나는 이 책들을 빌렸어. 나는 그것들을 읽어야 해.

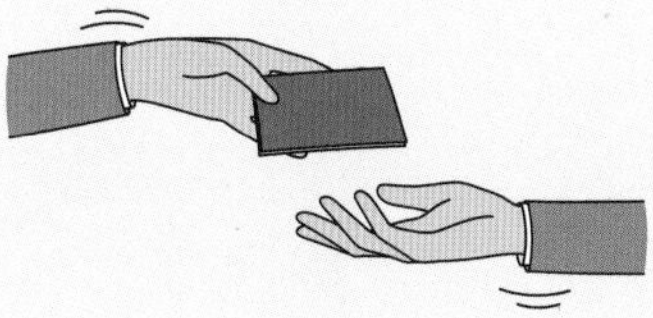

I gave **him** a book.
나는 그에게 책 한 권을 주었어.

Mom made **us** some cookies.
엄마가 우리에게 쿠키를 만들어 주셨어.

My husband cooked dinner **with me**.
남편이 나와 함께 저녁 요리를 했어.

Practice

다음의 우리말을 영어로 표현해 보세요.

그는 그들에게 몇 권의 책을 보냈어.

나는 가방을 하나 샀는데, 그것이 마음에 들어.

UNIT 42 대명사 (소유격)

This is **my** car.

이건 내 차야.

? '나의 책' 처럼 '누구의'를 나타내는 방법은 뭐에요?

Mom's Check Point

- '나의' '너의' 처럼 '누구의'라는 의미로 소유를 나타내려면 소유격을 써야 해요.

  ▸ I like my job. 나는 나의 일을 좋아해.
  (I: 나는 / my: 나의)

- 주격과 소유격을 비교하여 알아볼까요?

주격 (~는 / ~가)	**소유격** (~의)
▸ I (나는)	my (나의)
▸ you (너는)	your (너의)
▸ he (그는)	his (그의)
▸ she (그녀는)	her (그녀의)
▸ we (우리는)	our (우리의)
▸ they (그들이)	their (그들의)
▸ it (그것이)	its (그것의)

- 사람 이름이나 명사에 's 를 쓰면 '~의'가 됩니다.

  ▸ Sam's (샘의) / Jane's (제인의) / my mother's (나의 엄마의)

- 소유격과 관사 (a, the)는 함께 쓰지 않아요.

  ▸ This is a my book. (×) a 와 my 를 같이 쓸 수 없음.

  ▸ That is the my book. (×) the 와 my 를 같이 쓸 수 없음.

소유격을 사용하여 표현해볼까요?

This is **my** little sister.
얘가 나의 여동생이야.

There is an apple. **Its** color is red.
사과가 하나 있다. 그것의 색깔은 빨갛다.

They like **their** colleagues.
그들은 그들의 동료들을 좋아한다.

Her cat is very cute.
그녀의 고양이는 아주 귀여워.

He loves **his** dog.
그는 자기 강아지를 사랑해.

Practice

다음의 우리말을 영어로 말해보세요.

우리는 우리의 학교를 사랑한다.

마크는 그의 여권을 잃어버렸다.

UNIT 43 소유 나타내기

Can I borrow **yours**?

당신의 것을 빌릴 수 있나요?

? '내 것' '네 것' 처럼 '누구의 것'을 표현하는 말이 있나요?

Mom's Check Point

- '누구의 것'이라는 것을 소유대명사라고 해요. 소유대명사를 이용하면, 명사를 반복할 필요 없이 간편하게 말 할 수 있어요.
  - A: Whose book is this? 이거 누구 책이니?
  - B: It's mine. 내 것이야. (It's my book이라고 안 해도 됨)

- '내 것, 네 것' 만드는 쉬운 방법이 있어요!
  소유격에다 s 만 붙이면 돼요. (mine 은 예외, his 는 s 로 끝나므로 같음)
  - **~의**: my / your / his / her / our / their
  - **~의 것**: mine / yours / his / hers / ours / theirs
    (내것 / 네것 / 그의 것 / 그녀의 것 / 우리의 것 / 그들의 것)

- 사람 이름이나 명사에 's 를 쓰면 '~의' 또는 '~의 것'을 나타냅니다.
  s 로 끝나는 복수 명사는 s 없이 apostrophe (')만 합니다.
  - Mina's 미나의, 미나의 것
  - my son's 내 아들의, 내 아들의 것
  - girls' 소녀들의, 소녀들의 것

소유대명사를 이용하여 표현해 볼까요?

Jane: Is this your phone?

이것은 당신의 전화입니까?

Chris: Yes, it's **mine**.

예, 제 것입니다.

Joe: Whose bicycle is that?

저것은 누구의 자전거니?

Justin: It's **Bill's**.

빌의 것입니다.

Sandra: Is that my brother's ball?

저것은 내 동생의 공이니?

Sam: No, it's not **his**. It's **my kids'**.

아니오. 그의 것이 아니라 내 아이들의 것입니다.

Bill: Is that Linda's camera?

저것은 린다의 카메라니?

Nocole: Yes, it's **hers**.

예. 그녀의 것입니다.

Practice

다음의 빈칸에 어울리는 소유대명사를 쓰세요.

We borrowed Sandy's umbrella because we lost____________.

I used Sam's laptop because____________is not working.

UNIT 44 ~self

I love **myself**.

나는 나를 사랑해.

엄마, myself 처럼 ~self 라는 말은 왜 쓰나요?

Mom's Check Point

- '~자신'이라는 의미로 '~self' 를 써요. 이것을 재귀대명사라고 해요.

  '나'를 'I' 라고 하는데, '나 자신'은 'myself' 라고 해요.

~는	I, you (단수), you (복수), he, she, we, they
~자신	myself, yourself (단수), yourselves (복수), himself, herself, ourselves, themselves

- 사람이 복수면~selves 로 해요.

  - you (너) ⇨ yourself (너 자신)
  - you (너희들, 당신들) ⇨ yourselves (너희들 자신, 당신들 자신)

- ~self 를 쓰는 이유

  주어와 목적어가 같을 때 (내가 나를 / 그가 그를)

  - I love **myself**. 나는 나를 사랑해. (I love me는 틀림)
  - He is looking at **himself**. 그는 그 자신을 보고 있어.

  행위자를 강조하고 싶을 때 문장 맨 뒤에 (직접~, 손수~)

  - You fixed the car **yourself**. 네가 그 차를 직접 고쳤어. (다른 사람 안 시킴)

~self 를 이용하여 표현해 볼까요?

She blamed [~~her~~ / **herself**]
그녀는 그녀 자신을 탓했어.

I taught [~~me~~ / **myself**]
나는 독학했어.

We are proud of [~~us~~ / **ourselves**]
우리는 우리 자신이 자랑스러워.

He drives [~~he~~ / **himself**]
그는 자신이 직접 운전해.

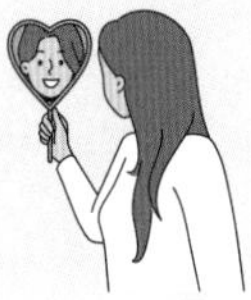

I saw [~~me~~ / **myself**] in the mirror.
나는 거울 속 내 모습을 보았어.

Practice

영어로 표현해 보세요.

마크는 면도하다 자주 베인다.

....

앤드류는 그의 차를 손수 수리했다.

....

CHAPTER 09

수량을 표현하기

UNIT 45 many, much, a lot of

There are many people at the wedding.
결혼식에 많은 사람이 있다.

? '많은'이라는 표현에는 어떤 것이 있나요?

Mom's Check Point

- '많은'이라는 표현은 함께 쓰는 명사에 따라 바르게 선택해야 해요.
- many 는 '많은 수의'라는 뜻이라서 반드시 셀 수 있는 복수명사가 와야 해요.
  - I have **many books**. 나는 많은 책을 가지고 있어.
    (many: 많은 / books: 복수명사)
- much + 셀 수 없는 명사
  - I don't have **much time**. 나는 시간이 많지 않아.
    (much: 많은 / time: 셀 수 없는 명사)
- a lot of 나 lots of 다음에는 셀수 있는 / 없는 명사 모두 쓸 수 있어요.
  - I invited **a lot of friends** to my party. 내 파티에 많은 친구를 초대했어.
    (a lot of: 많은 / friends: 셀 수 있는 명사)
  - You gave me **a lot of advice**. 당신은 저에게 많은 조언을 주셨어요.
    (a lot of: 많은 / advice: 셀 수 없는 명사)
- 실제 회화에서는 many 나 much 보다는 a lot of 를 더 자주 써요.

'많은'을 나타내는 표현을 연습해 볼까요?

We have **many oranges**.
우리는 많은 오렌지를 가지고 있습니다.

There is **much bread** for the party.
파티를 위한 많은 양의 빵이 있다.

I saw **a lot of trees** in the forest.
숲속에서 많은 나무들을 보았어.

Do you need **a lot of money**?
당신은 많은 돈이 필요하나요?

You made **too many mistakes**.
너는 너무 많은 실수를 했어.

Practice

영어로 표현해 보세요.

내 커피에 너무 많은 설탕을 넣지 마세요.

버스에는 많은 사람이 타고 있었다.

UNIT 46 (a) few / (a) little

I have **few** books.

나는 책이 거의 없어.

엄마, few 와 little 도 수량을 나타내나요?

Mom's Check Point

✔ 수량의 표현 few 와 little 의 의미를 알아볼까요?

few / a few + 복수명사 (books, friends, cookies…)

- I have **a few** friends. 난 친구가 몇 명 있어.

  tip a few는 '몇몇의' '약간의'라는 뜻으로 복수명사와 함께 씀.

- I have **few** friends. 난 친구가 거의 없어. (불만스러운 마음)

  tip few + 복수명사는 a가 없을 뿐인데, 무엇인가가 거의 없다는 불만스러운 마음을 나타냄.

little / a little + 셀 수 없는 명사 (money, water, time, bread…)

- I have **a little** milk. 나는 약간의 우유가 있어.

  tip a little 은 셀 수 없는 명사와 쓰며, 어떤 것의 양이 조금 있다는 뜻.

- I have **little** milk. 나는 우유가 거의 없어.

  tip little 은 a만 없을 뿐인데 어떤 것의 양이 거의 없다는 불만족을 표현.

(a) little 과 (a) few 를 이용하여 표현해 볼까요?

There are **few apples** on the tree.
나무에 사과가 거의 없다.

I bought **a few apples**.
나는 사과를 몇 개 샀다.

There is **a little wine** in the glass.
잔에 약간의 와인이 있다.

Jane has **little money**.
제인은 돈이 거의 없다.

Few people were on the bus.
버스에 사람들이 별로 없었다.

Practice

다음 빈칸에 어울리는 말을 쓰세요.

There's ________________ water in the bottle. 병 속에 물이 거의 없다.

________________ boys are playing basketball. 몇 명의 소년들이 농구를 하고 있다.

UNIT 47 every

Every apple is red.

모든 사과가 빨갛다.

every 는 '모든'이라는 뜻인데 주의할 점은 뭔가요?

Mom's Check Point!

- every 는 '모든'이라는 뜻인데 바로 다음에 단수명사가 와요. 그 이유는 '모든'의 의미가 모든 것을 한 번에 합쳐서 말하는 것이 아니고 개별적인 경우 하나하나가 예외 없이 '다 ~하다'는 뜻이기 때문이에요.

  - **Every apple is** red. 모든 사과가 빨갛다. (하나하나 예외 없이)
    모든 단수명사 단수동사
  - **Every girl likes** ice cream. 모든 소녀가 아이스크림을 좋아한다.
    모든 단수명사 단수동사
  - **Every car runs** fast. 모든 차가 빨리 달린다.
    모든 단수명사 단수동사

- 만약 두 개의 경우를 말하려면, '둘 다'라는 뜻으로 both 를 써요.

  - **Both cups** are black. 컵 두 개가 모두 검은색이다.
  - **Both cats** are sleeping. 고양이 두마리가 모두 자고 있다.

- every 는 개별적인 경우를 하나씩 따져보는 것이라서 하나라고 셀 수 있는 명사가 와야 해요.

  - He likes every music. (×) music 이 셀 수 없는 명사라 안 돼요.
  - He likes all music. (○) '모든'이라는 뜻으로 all 을 쓰면 돼요.

'모든'의 뜻 every 는 하나하나의 개별 경우를 말한다는 것을 기억하면서 문장 연습을 해 볼까요?

Every child is happy.
모든 아이가 행복하다.

Every tree is tall.
모든 나무가 크다.

Everyone agrees.
모두가 찬성이다.

Every student has a schoolbag.
모든 학생이 책가방을 가지고 있다.

Every member knows the rules.
모든 회원이 규칙을 안다.

Practice

다음의 문장에서 틀린 곳을 찾아서 바르게 고치세요.

Every dog have a tail.

I can accept every advice.

UNIT 48 some / any

I ate **some** cookies.

나는 쿠키 몇 개 먹었어.

? 엄마, 언제 some 을 쓰고 언제 any 를 써야 하나요?

Mom's Check Point!

- 어느 정도의 양이나 수를 말할 때 some 을 써요.

  - I ate **some** **cookies**. 쿠키 몇 개 먹었어. (정확히 몇 개라고 말할 필요 없을 때)
    (some: 몇 개의 / cookies: 복수명사)
  - I need **some** **milk**. 나는 약간의 우유가 필요해. (정확한 양을 말할 필요 없을 때)
    (some: 약간의 / milk: 셀 수 없는 명사)

- any 의 쓰임은 좀 다양해요.

어떤 ~라도 (any + 명사)

- I can do **anything** for you. 난 너를 위해 어떤 것이라도 할 수 있어.
- **Any time** is good for me. 난 언제라도 좋다.

부정문 (어떤 ~도 아니다)

- I **don't** need **any help**. 나는 어떤 도움도 필요하지 않다.

의문문 (어떤 ~라도~한가요?)

- Do you have **any questions**? 어떤 질문이라도 있나요?

- 의문문이라도 '~ 드릴까요?' '~원하세요?'라고 권유할 때는 some 을 써요.

  - Would you like **some coffee**? 커피 좀 드릴까요? (권유)

some 과 any 를 이용한 예문을 볼까요?

Mark spent **some time** with his cat.
마크는 그의 고양이와 약간의 시간을 보냈다. (약간의)

Some birds are flying in the sky.
몇몇 새들이 하늘을 날고 있다. (몇몇의)

Do you have **any pets**?
반려동물 있으세요? (질문)

I don't have **any siblings**.
나는 형제자매가 없어요. (부정문)

Would you like **some cake**?
케이크 좀 드실래요? (권유)

Practice

다음의 빈칸에 some 과 any 중 어울리는 것을 쓰세요.

I don't have ________________ brothers.

Would you like ________________ cookies?

UNIT 49 no

There are **no** passengers.

승객들이 없다.

? 엄마, no 와 not 은 다른 건가요? no 는 어떻게 쓰면 되나요?

Mom's Check Point!

- '~이 없다'라는 말은 명사 앞에 no 만 쓰면 돼요.
  - I have **no money**. 난 돈이 없어.
  - I have **no sisters**. 난 여동생이 없어.
  - I have **no time**. 난 시간이 없어.

- [There is (are) no] ~이 없다

  There are no + 복수명사

  - There are **no students** in the classroom. 교실에 학생들이 없다.

  There is no + 단수 명사 또는 셀 수 없는 명사

  - There is **no book** in my room. 내 방에는 책이 없다.
  - There is **no water** in the bottle. 병속에 물이 없다.

- no + 명사 = not + any + 명사
  - I have **no pens**. = I **don't** have **any pens**.
  - I have **no secrets**. = I **don't** have **any secrets**.

‘무엇이 없다’라는 표현을 말해 볼까요?

There are **no cars** on the road.
도로에 차가 없다.

There’s **no space** for milk.
우유 넣을 공간이 없다.

June has **no brothers**.
준은 형제가 없다.

I have **no friends**.
난 친구가 없어.

We have **no pets**.
우리는 반려동물을 가지고 있지 않다.

Practice

다음 문장의 빈칸에 알맞은 말을 쓰세요.

There were __________________ people on the beach. 바닷가에 사람들이 없었다.

I don’t have __________________ questions. 저는 질문이 없어요.

CHAPTER 10

동명사와 to 부정사

UNIT 50 동명사

Swimming is fun.

수영하는 것은 재미있어.

? 엄마, 동명사는 동사에요, 명사에요?

Mom's Check Point!

- 동사에다 + ing 를 해서 '~하는 것' 또는 '~하기'라는 뜻을 만드는 것이 동명사에요. 즉, 동사의 명사화에요.

동사	동명사	의미 변화
read	reading	읽다 ⇨ 읽기
sing	singing	노래하다 ⇨ 노래하기
listen	listening	듣다 ⇨ 듣기

tip 'Swimming is fun'에서 '수영하다'라는 동사 swim에 ing를 붙어서 '수영하는 것'이라는 명사로 만들었어요.

- 동명사는 원래 동사였던 것에 ing 를 붙여서 명사로 만든 거에요. 그래서 일반 명사와는 달리 동명사에는 동사의 의미는 살아있어요.
  - **일반명사**: cup, pen, coffee (동사의 의미 없음)
  - **동명사**: reading, swimming, listening (동사의 의미 살아 있음)

- 동명사는 '~하기'라는 하나의 개념이므로 단수 취급해요.
  - **Making**(동명사) dolls **is**(단수동사) fun. 인형 만드는 것은 재미있어.

동명사를 이용하여 '~하는 것'이라는 표현을 해볼까요?

Exercising is good for health.
운동하는 것은 건강에 좋아요.

Growing plants is fun.
식물 키우는 것은 재밌어.

I enjoy **playing** basketball.
나는 농구 하는 것을 즐겨.

We like **cooking**.
우리는 요리하는 것을 좋아해.

My hobby is **swimming**.
내 취미는 수영하는 것이야.

Practice

영어로 표현해 보세요.

나는 피아노 치는 것을 즐겨.

달리는 것은 건강에 좋아.

UNIT 51 to 부정사

I want **to buy** a car.

나는 차 사는 것을 원해.

? 엄마, to 부정사는 문장마다 해석이 달라서 어려워요.

Mom's Check Point!

- [to + 동사원형]을 to 부정사라고 해요. 부정사라는 것은 '정해져 있지 않다'는 뜻이에요. 즉 문장에 따라 뜻이 그때그때 다르게 해석돼요. 마치 '카멜레온' 처럼요. 예를 들어 learn 에다 to 를 붙이면 주로 다음의 세 가지로 해석됩니다.
- to learn: 배우기 위하여 / 배워야 할 / 배우는 것
- to 부정사는 쓰인 위치를 보고 해석을 할 수 있어요.

~하기 위하여

- I bought a radish **to make** kimchi. 김치 담그기 위하여 무 하나를 샀어.
- I take a shower **to relax**. 나는 긴장을 풀기 위하여 샤워를 해.

~할 (앞의 명사를 꾸밈)

- I have a book **to read**. 나는 읽어야 할 책이 하나 있어.
- I need something **to eat**. 나는 먹을 것이 필요해.

~하는 것

- I hope **to see** you again. 나는 너를 다시 보는 것을 바래. (목적어)
- I want **to dance**. 나는 춤추는 것을 원해. (목적어)

to 부정사의 다양한 쓰임을 예문으로 볼까요?

I went to the library **to study**.
공부하기 위해 난 도서관에 갔어.

I went to the library **to check out** some books.
책을 빌리기 위해 난 도서관에 갔어.

He has a lot of homework **to do**.
그는 해야 할 많은 숙제가 있어.

I need something **to drink**.
마실 것이 필요해.

Mark plans **to retire** next year.
마크는 내년에 은퇴할 것을 계획하고 있어.

Practice

영어로 표현해 보세요.

중국어를 배우는 것은 어렵다.

나는 영어를 배우기로 결정했다.

CHAPTER 11

형용사와 부사

UNIT 52 형용사

It's a beautiful dress.

아름다운 드레스예요.

? 엄마, 형용사가 하는 역할이 뭐예요?

Mom's Check Point!

- 명사를 꾸미는 것을 형용사라고 해요. 우리말에 '말로 형용할 수 없다'라는 표현처럼, 형용사는 사물이나 사람의 상태가 '어떠한지'를 묘사하는 말이에요.
  - It's a **beautiful** dress. 아름다운 드레스예요. (beautiful이 dress를 꾸밈)
    (beautiful: 형용사, dress: 명사)
  - He's a **kind** man. 그는 친절한 남자야.

- 형용사의 위치는 동사 다음일 수도 있어요.
  - I'm **busy**. 나는 바빠.
  - Jane looks **happy**. 그녀는 행복해 보여. (주어의 상태이므로 형용사 필요)

- ~body, ~thing 으로 끝나는 명사는 형용사가 뒤에서 꾸며줘요.
  - Let's eat **something good**. 맛있는 것을 먹자.
  - Do you know **anybody famous**? 너는 유명한 누군가를 아니?

형용사로 사람이나 사물의 상태를 말해 볼까요?

It's a **rainy** day.
비가 오는 날이야.

I'm so **hungry**.
나 너무 배고파.

He was **asleep**.
그는 잠들어 있었어.

I want to do something **exciting**.
신나는 뭔가를 하고 싶어.

I'm **afraid**.
나 무서워요.

Practice

다음의 말을 영어로 표현하세요.

내 여동생은 금발 머리를 가지고 있어.

이 딸기들은 단 냄새가 나.

UNIT 53 부사

She is studying **quietly**.

그녀는 조용히 공부하고 있다.

? 엄마, 부사가 뭔가요? 어디에 쓰나요?

Mom's Check Point!

- 부사는 '언제, 어디서, 어떻게, 왜'와 같은 시간, 장소, 방식 (법), 이유를 말합니다. 문장을 형성하기 위해서 꼭 필요한 요소는 아니지만, 풍부한 정보를 더해줘요. 그래서 저는 부사에게 '바쁜 조연'이라는 별명을 주었어요.

  - He ran **fast**(방식). 그는 빨리 달렸어.
  - I had dinner **quickly**(방식) **at the restaurant**(장소) **yesterday**(시간).
    나는 어제 식당에서 급하게 저녁을 먹었다.
  - I took a taxi **because it was too cold**(이유). 너무 추웠기 때문에 택시를 탔어.

- 부사는 동사, 형용사, 다른 부사를 꾸며요.

  - We work **hard**. 우리는 열심히 일한다. (동사 꾸밈)
  - It's **extremely** hot. 극도로 덥다. (형용사 꾸밈)
  - Jane eats **too** slowly. 제인는 너무 느리게 먹는다. (또 다른 부사 꾸밈)

- 한 문장에 부사가 여러 개 섞여 있을 때 순서는 방 (방법) / 장시유 (장소, 시간, 이유) 가 가장 자연스럽습니다.

  - Jane cooked **quietly**(방) **in the kitchen**(장) **yesterday**(시) **so as not to wake up other people**(유).
    제인은 다른 사람들을 깨우지 않으려고 주방에서 조용히 요리했다.

부사의 예를 볼까요? 한 문장에 여러 개의 부사가 있으면 자연스러운 어순도 중요해요.

They made cookies **merrily yesterday**.
그들은 어제 즐겁게 쿠키를 만들었어.

He ran **incredibly fast**.
그는 엄청나게 빨리 달렸어.

It was **too** cold **this morning**.
오늘 아침에 너무 추웠어.

They're walking **very carefully because the road is very slippery**.
길이 매우 미끄러워서 그들은 아주 조심스럽게 걷고 있어.

I took a taxi **yesterday because I was late**.
어제 나는 늦었기 때문에 택시를 탔어.

Practice

다음의 말을 영어로 표현하세요.

나는 외국어를 쉽게 배워.

제인은 매우 조심스럽게 운전 중이야.

UNIT 54 too

These bags are **too** expensive.

이 가방들은 너무 비싸.

? too 가 '너무'의 뜻으로 쓰이는 경우를 알고 싶어요.

Mom's Check Point!

- '너무~한 / 너무~하게'를 나타내는 말이 too 에요.
  - These bags are **too** expensive. 이 가방들은 너무 비싸.
    (too: 너무, expensive: 비싸)
  - Jane drives **too** carefully. 제인은 너무 조심스럽게 운전해.
    (too: 너무, carefully: 조심스럽게)
- too~to + 동사원형: ~하기에는 너무~한 (하게)
  - It's **too cold** to go running. 달리기하기에는 너무 춥다.
    (too cold: 너무 춥다, to go running: 달리기 하기에는)
  - Jane is **too young** to drive. 제인은 운전하기에는 너무 어려.
    (too young: 너무 어려, to drive: 운전하기에는)
- too + 형용사 + for 사람: 어떤 사람에게 너무~한
  - This shirt is **too big** for you. 이 셔츠는 너에게 너무 커.
    (too big: 너무 커, for you: 너에게는)
  - The box is **too heavy** for me to lift. 이 박스는 내가 들기에는 너무 무거워.
    (too heavy: 너무 무거워, for me to lift: 내가 들기에는)
- too는 '~도 역시 그렇다'의 뜻으로도 쓰이니 구분해서 써야 해요.
  - Me too. 나도 그래.
  - I like oranges too. 나도 오렌지 좋아해.

'너무 ~하다'는 표현을 too를 이용하여 해볼까요?

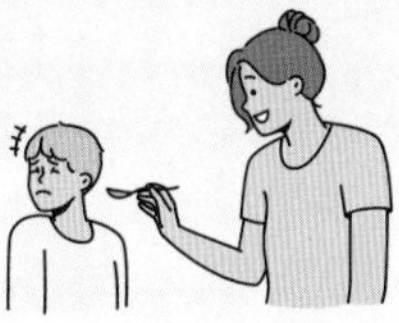

This soup is **too spicy for children**.
이 스프는 아이들에게는 너무 매워.

The question was **too hard for her**.
그 문제는 그녀에게 너무 어려웠어.

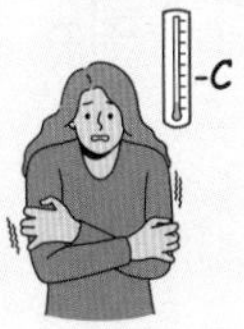

It's **too cold to go outside**.
너무 추워서 밖에 나갈 수 없어.

I'm **too tired to walk**.
나는 너무 피곤해서 걸을 수가 없어.

The mountain is **too high for me to climb**.
그 산은 내가 오르기에는 너무 높아.

Practice

다음의 말을 영어로 표현하세요.

이 버거는 아이들에게는 너무 커.

버스를 타기에는 너무 늦다.

UNIT 55 always, often, never

Mark is **always** busy.

마크는 항상 바빠.

엄마, 빈도부사가 뭐에요?

Mom's Check Point!

- 어떤 일을 얼마나 자주 하는지를 나타내는 부사들을 빈도부사라고 해요. 빈도수에 따라서 부사가 달라져요.

- always 항상
- usually 보통
- often 자주
- sometimes 가끔
- rarely (seldom) 드물게
- never 전혀 안 함

- 이러한 부사들은 쓰는 위치가 정해져 있어요.

일반동사 앞 / be 동사, 조동사 뒤

- He **is** **always** busy. 그는 항상 바빠. (be 동사 뒤)
  (is: be동사, always: 빈도부사)
- I **will** **never** tell a lie. 난 절대 거짓말 안 할 거야. (조동사 뒤)
  (will: 조동사, never: 빈도부사)
- We **often** **exercise** in the evening. 우리는 자주 저녁에 운동해. (일반동사 앞)
  (often: 빈도부사, exercise: 일반동사)

빈도 부사의 위치에 주의하며 예문들을 연습할까요?

- He is **often** late for work.

그는 자주 직장에 늦어. (be 동사 뒤)

- You are **always** kind.

당신은 항상 친절해요. (be 동사 뒤)

- I'm **usually** home alone.

나는 대개 집에 혼자 있어. (be 동사 뒤)

- Jane **sometimes** skips breakfast.

제인은 가끔 아침을 거른다. (일반동사 앞)

- I **seldom** exercise.

나는 좀처럼 운동하지 않아. (일반동사 앞)

- I will **always** help you.

나는 항상 너를 도와줄 거야. (조동사 뒤)

- You should **often** call me.

나에게 자주 전화해야 해. (조동사 뒤)

- I've **never** been to France.

나는 프랑스에 한 번도 가본 적이 없어. (have p.p.사이)

- I've **rarely** seen such a thing.

나는 그런 것을 좀처럼 본 적이 없어. (have p.p.사이)

Practice

다음문장의 괄호에 어울리는 말을 선택하세요.

I don't like to eat out, so I [never / usually] cook at home.

It's too humid in summer, so I [rarely / often] take a shower.

UNIT 56 비교급 (1)

Mark is **taller** than Jane.

마크는 제인 보다 커.

? 두 사람이나 사물을 비교하는 방법이 뭐예요?

Mom's Check Point!

- 두 사람 또는 사물을 비교할 때, '더~하다'라는 표현을 비교급이라고 해요.
  비교급은 형용사/부사 끝에 er 을 붙이면 돼요. '~보다'는 than 을 써요.

형용사	tall	warm	cold	long	smart
비교급	taller	warmer	colder	longer	smarter
	더 높은	더 따뜻한	더 추운	더 긴	더 똑똑한

- Mark is **taller** (더 큰) **than** (~보다) Jane (비교대상). 마크는 제인보다 커.

- 특징 있는 비교급 형태도 있어요.
  - **e 로 끝나는 단어는 r 만 붙임**: nice → nicer / brave → braver
  - **자음이 한 번 더 생기는 경우**: big → bigger / hot → hotter
  - **y 를 없애고 ier 붙이는 경우**: easy → easier / heavy → heavier
  - **불규칙한 비교급**

형/부	good, well	bad	many, much	little	far
비교급	better	worse	more	less	farther (거리상 더 먼)
	더 좋은, 더 잘	더 나쁜	더	덜	further (정도가 더 한)

비교급으로 비교해 볼까요?

The cheetah is **faster than** the horse.
치타가 말보다 더 빠르다.

The dog swims **better than** the cat.
개가 고양이보다 수영을 더 잘한다.

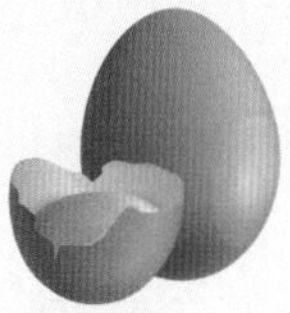

An egg is **heavier than** water.
달걀은 물보다 무겁다.

My dog is **fatter than** your dog.
내 강아지가 네 강아지보다 통통하다.

I'm **taller than** you.
내가 너보다 더 커.

Practice

다음의 비교급 문장을 영어로 표현해 보세요.

너의 가방이 나의 것보다 더 예뻐.

에베레스트산은 설악산보다 더 높아.

UNIT 57 비교급 (2)

Gold is **more expensive** than silver.

금은 은보다 비싸다.

비교급을 만드는 다른 방법도 있나요?

Mom's Check Point!

- 긴 단어의 비교급은 단어의 앞에 more 를 붙여서 만들어요. 발음이 한번 만들어지는 것을 음절이라고 하는데, 대부분의 2음절과 3음절 이상의 단어는 긴 단어라고 봐요.

- Gold is **more expensive** than silver. 금은 은보다 비싸다.
  (more expensive: 더 비싼 / than: 보다 / silver: 비교대상)

형용사 / 부사	beautiful	expensive	important	popular
비교급	more beautiful	more expensive	more important	more popular
	더 아름다운	더 비싼	더 중요한	더 인기있는

- Gold is **more expensive** than silver. 금은 은보다 더 비싸.
  (more expensive: 더 비싼 / than: ~보다)
- My room is **more spacious** than yours. 내 방이 네 방보다 더 넓어.
  (more spacious: 더 넓은 / than: ~보다)
- He is **more careful** than his sister. 그가 그의 누나보다 더 주의 깊어.
  (more careful: 더 주의 깊은 / than: ~보다)

긴 단어에 more 를 써서 비교하는 것과 강조하는 연습을 해볼까요?

Sleeping on my sofa is **more comfortable**.
내 소파에서 자는 것이 더 편해.

I drive **more carefully** than him.
내가 그보다 더 조심스럽게 운전해.

Mina is **more welcoming** than Jane.
미나가 제인보다 더 상냥해.

You're **more beautiful** than me.
너는 나보다 더 예뻐.

Red color is **more popular** than the others.
빨간색이 다른 것들보다 인기가 더 많다.

Practice

다음의 비교급 문장을 영어로 표현해 보세요.

이 가방이 저것보다 훨씬 더 비싸 보여.

....

요즘에는 강아지들이 다른 반려동물들보다 더 인기가 많아.

....

UNIT 58 too, neither 같은 생각 표현 (1)

I drink coffee **too**.

나도 커피 마셔요.

? '나도 그래' '나도 안 그래'라고 말하는 간편한 방법이 있나요?

Mom's Check Point!

- 상대방의 말을 듣고 '나도 그래'라고 할 경우, 'Me too' 라고 해요. 똑같이 말하고 맨 뒤에 too 를 해도 되지만 'Me too' 하면 간단해요.

▸ Mark: I drink coffee. 나는 커피를 마셔요.

▸ Jane: I drink coffee **too**. (= Me **too**.) 나도. (커피를 마셔요)

▸ Mark: I like ice cream. 나는 아이스크림을 좋아해. (긍정적인 말)

▸ Jane: Me **too**. 나도. (나도 좋아해)

- 상대방이 부정적인 말을 할 때, '나도 안 그래'라고 하려면, 'Me neither' 라고 해요.

▸ Mark: I'm not good at cooking. 나 요리 못해. (부정적인 말)

▸ Jane: Me **neither**. 나도. (나도 못해)

▸ Mark: I don't eat breakfast. 나는 아침 식사를 안 해. (부정적인 말)

▸ Jane: Me **neither**. 나도. (나도 안 먹어)

상대방의 긍정적인 말에 'Me too'로, 부정적인 말에 'Me neither'로 같은 입장을 표현해 볼까요?

A: I take a shower every day.

나는 매일 샤워를 한다.

B: **Me too**.

나도.

A: I like Jenny.

나는 제니를 좋아한다.

B: **Me too**.

나도.

A: I don't feel good.

몸이 안 좋아.

B: **Me neither**.

나도.

A: I'm not a morning person.

나는 아침형 인간이 아니야.

B: **Me neither**.

나도.

Practice

Mark의 말에 대해 같은 입장으로 대답해 보세요.

Mark: I can ride a bicycle.

Mark: I've never been to America.

UNIT 59 같은 생각 표현 (2)

So am I.

나도 그래.

'~도 그래'라는 표현이 또 있나요?

Mom's Check Point!

- '~도 역시 ~하다'라는 의미로 [so + 동사 + 주어] 를 쓸 수도 있어요.

  이때 상대방의 말에 쓰인 동사 종류와 시제에 따라 표현이 달라져요.

- A: I **am** hungry. 나 배고파.
  (be동사 현재)
- B: So **am** I. 나도 배고파.
  (be동사 현재)

- A: I **was** hungry. 나 배고팠어.
  (be동사 과거)
- B: So **was** I. 나도 배고팠어.
  (be동사 과거)

- A: I **like** summer. 나는 여름을 좋아해.
  (일반동사 현재)
- B: So **do** I. 나도 여름을 좋아해. (일반동사는 do로 대신 씀)
  (do)

- A: I **bought** the book.나 그 책 샀어.
  (일반동사 과거)
- B: So **did** I. 나도 샀어. (일반동사의 과거는 did로 대신 씀)
  (did)

- A: I **can** speak English. 나는 영어 할 수 있어.
  (조동사)
- B: So **can** I. 나도 영어 할 수 있어. (조동사는 조동사를 씀)
  (조동사)

'나도 그래'를 so 로 시작하여 말하는 연습을 해볼까요?

A: I'm happy.

나는 행복해.

B: **So am I**.

나도.

A: I was tired.

나는 피곤했어.

B: **So was I**.

나도 그랬어.

A: I like popcorn.

나는 팝콘이 좋아.

B: **So do I**.

나도 그래.

A: I got a hair cut.

머리 커트를 했어.

B: **So did I**.

나도.

A: I can swim.

나 수영 할 수 있어.

B: **So can I**.

나도 할 수 있어.

Practice

Mark 의 말에 대해서 '나도 그래'라는 대답을 so 로 시작해 봐요.

Mark: I went to the beach.

Mark: I'm good at math.

CHAPTER 12

전치사

UNIT 60 장소의 at, on, in

He arrived at the airport.

그는 공항에 도착했다.

? 엄마, '어느 장소에서'처럼 '~에서'라는 말은 어떻게 해요?

Mom's Check Point!

- 전치사 at, on, it 은 모두 '어디에' 있다는 것을 나타낼 수 있어요. 전치사마다 의미가 다르기 때문에 구분하여 써야 돼요.

at

at 은 어떤 지점을 꼭 집어 구체적인 곳에 있다고 말할 때 써요.

- I'm waiting for the bus **at the bus stop**. 버스정류장에서 버스를 기다리는 중이야.
  (at: 에서 / the bus stop: 구체적장소)

on

on 의 기본 의미는 어디에 붙어있다는 뜻이에요. 따라서 어떤 것의 표면에 붙어있으면 on 을 써요.

- My painting is **on the wall**. 내 그림이 벽에 있어.
  (on: 붙어있는 / the wall: 표면)

in

In 은 사방이 닫힌 공간 안에 들어가 있을 때나, 도시나 나라처럼 어느 지역 안에 있다고 할 때 써요.

- I'm **in** **my car**. 나는 차 안에 있어. (사방이 닫힌 공간 속)
  속에 공간
- I'm **in** **Seoul**. 나는 서울에 있어. (지역 안에)
  안에 지역
- He's **in** **France**. 그는 프랑스에 있어. (지역 안에)
  안에 지역

전치사 at, on, in 을 장소 앞에 쓰는 연습을 해볼까요?

She's working **at her desk.**
그녀는 책상에서 일하는 중이야.

Jane will be **at home**.
제인은 집에 있을 거야.

There is a clock **on the wall.**
벽에 시계가 걸려있어.

What is **in the box?**
박스 속에 무엇이 있나요?

Practice

다음의 빈칸에 어울리는 전치사를 고르세요.

I bought a book [on / at] the bookstore.

We live [on / in] earth.

UNIT 61 시간의 at, on, in

Let‘s meet **at** 8 o’clock.

8시 정각에 만나자.

? 엄마, at, on, in 은 장소에만 쓰이나요?

Mom's Check Point!

- 장소에 쓰이던 at, on, in 은 시간에도 쓰여요. 전치사마다 쓰임이 다르기 때문에 구분해서 써야 해요.

at

at 은 **구체적인 시간 앞에** 써요.

- Mark arrived in New York **at noon**. 마크는 정오에 뉴욕에 도착했어.
  시간
- Let‘s meet **at 8 o’clock**. 8시 (정각) 에 만나요.

on

on 은 **날짜와 요일 앞에** 써요.

- I was born **on June 15**. 나는 6월 15일에 태어났다.
  날짜
- Jane doesn’t work **on Sunday**. 제인은 일요일에 일을 안 해.
  요일

in

in 은 월, 계절, 년도, 세기 등 on **보다 더 큰 시간 개념 앞에** 써요.

- It rains a lot here **in July**. 여기는 7월에 많은 비가 와.
  월
- He was born **in 2001**. 그는 2001년에 태어났다.
  년도

시간을 나타내는 at, on, in 을 써서 표현해볼까요?

The train arrived **at five to two**.
기차가 2시 5분 전에 도착했어.

We had much fun **on my birthday**.
내 생일날 우리는 즐거운 시간을 보냈어.

Jane sleeps in **on weekends**.
제인은 주말에 늦잠을 자.

It snows a lot **in winter**.
겨울에 눈이 많이 와.

I went to the beach **in July**.
나는 7월에 바닷가에 갔어.

Practice

다음의 빈칸에 어울리는 전치사를 고르세요.

I drink coffee [in / at] the morning.

I got married [on / in] 2010.

UNIT 62 for

I made this cake **for** you.

너를 위해 이 케이크를 만들었어.

? 엄마, 전치사 for 는 '위하여'의 뜻 맞죠? 어떤 것을 위한 것인가요?

Mom's Check Point!

- 한 전치사가 여러 가지 의미로 쓰이는데, for 에도 방대한 의미가 있어요. 가장 특징적인 개념은 '~을 위하여'라고 할 수 있어요. 그리고 '위하여'라는 의미도 여러 가지 경우로 나누어져요.

~를 (사람) 위하여 (마음과 성의를 누군가를 위해 나타냄)

- I made this cake **for you**. 너를 위하여 이 케이크를 만들었어.
- I cooked dinner **for my mom**. 나는 엄마를 위해 저녁밥을 했어.

~를 하기 위한 (무엇을 하기 위한 용도)

- This pot is **for cooking**. 이 냄비는 요리를 위한 거야.
- This place is **for smoking**. 여기는 흡연을 위한 장소야.
- The food is **for the party**. 음식은 파티를 위한 거야.

~를 얻기 위해 (구하기, 목적)

- I paid 10,000won **for this book**. 이 책을 구입하기 위해 만원을 지불했어.
- I called the office **for information**. 나는 정보를 구하기 위해 사무실에 전화했어.

'~를 위하여'의 뜻이 있는 for 로 연습해 볼까요?

I cooked dinner **for my sister**.
나는 언니를 위하여 저녁 준비를 했어.

These shirts are made **for children**.
이 셔츠들은 어린이를 위해 만들어진다.

This knife is **for cutting fruit**.
이 칼은 과일을 자르기 위한 거야.

He's studying **for the exam**.
그는 시험을 위해 공부 중이다.

I paid 500 dollars **for this violin**.
이 바이올린을 구입하기 위해 500달러를 지불했어.

Practice

for 를 이용하여 영작해 보세요.

나는 내 여동생을 위하여 이 인형을 만들었어.

....

이 컵은 물을 마시기 위한 것이야.

....

UNIT 63 시간표현 for, during

It has been raining **for** 3 days.

3일 동안 비가 내리고 있어.

? '한 시간 동안' '방학 동안' 처럼 '~동안'은 뭐라고 해요?

Mom's Check Point!

- 우리말의 '~동안'은 for 또는 during 으로 표현하는데요, 두 전치사 다음에 오는 말이 다르기 때문에 구분해서 사용해야 해요.

for + 시간의 길이

어떤 일이 얼마나 오래 계속되는지를 말할 때 써요.

- It has been raining **for** **3 days**. 3일 동안 비가 내리고 있어.
  (for: 동안 / 3 days: 시간 길이)
- He watched TV **for** **2 hours**. 그는 2시간 동안 TV를 봤어.
  (for: 동안 / 2 hours: 시간 길이)
- I lived in China **for** **5 years**. 나는 5년 동안 중국에서 살았어.
  (for: 동안 / 5 years: 시간 길이)

during + 특정시기 (여행, 방학, 점심시간, 회의 등)

- We had much fun **during** **our trip**. 우리는 여행 동안 즐겁게 보냈어.
  (during: 동안 / our trip: 특정 시기)
- I felt sleepy **during** **the meeting**. 회의 동안 나는 졸음이 왔어.
  (during: 동안 / the meeting: 특정 시기)
- The weather was perfect **during** **the holidays**.
  (during: 동안 / the holidays: 특정 시기)
  휴가 기간 동안 날씨가 정말 좋았어.

for 와 during 의 차이점에 주의하면서 연습해 볼까요?

I've taught French [**for** / during] ten years.
나는 10년 동안 불어를 가르치고 있어.

Mark was nervous [for / **during**] the interview.
마크는 면접 동안 긴장했어.

It snows a lot [for / **during**] the winter.
겨울 동안 눈이 많이 온다.

He waited for the bus [**for** / during] 20 minutes.
그는 20분 동안 버스를 기다렸다.

I took care of my granddaughter [**for** / during] 5 days.
나는 5일 동안 손녀를 돌봤어.

Practice

다음의 문장에서 빈칸에 어울리는 전치사를 고르세요.

Can we talk [**for** / **during**] a minute?

Jane lost her passport [**for** / **during**] her trip to Japan.

UNIT 64 전치사 to

He was walking **to** the station.

그는 역으로 걸어가고 있었어.

? 전치사 to 는 방향을 나타낸다는데 무슨 뜻일까요?

Mom's Check Point!

- 전치사 to 의 쓰임도 굉장히 많아요. 그러나 기본적으로 '~로 향하여'의 기본 개념을 가지고 있어요.

~로 향하여 움직이다

- He was walking **to** **the station**. 그는 역으로 걸어가고 있었어.
  (to: ~로 / the station: 가는 곳)
- I'm flying **to** **Seoul**. 나는 서울로 가고 있어. (비행기 타고)
  (to: ~로 / Seoul: 가는 곳)
- I went **to** **the park**. 나는 공원으로 갔어.
  (to: ~로 / the park: 가는 곳)

동작이~로 향하다 (보내거나, 보여주거나, 주는 등의 행위가 누군가를 향할 때)

- He **showed** a picture **to me**. 그는 사진 한 장을 나에게 보여주었어.
  (showed: 행위 / to me: ~를 향해)
- I **sent** the email **to the person in charge**. 나는 담당자에게 이메일을 보냈어.
  (sent: 행위 / to the person in charge: ~에게로)
- She **shouted** **to me**. 그녀는 나에게 소리쳤어.
  (shouted: 행위 / to me: ~를 향해)

전치사 to는 방향과 움직임의 전치사라고 할 수 있어요. 어떤 동작이든지~로 향하여 가고 있음을 알 수 있어요.

They're running **to the beach**.
그들은 바닷가로 달려가고 있어.

I'm flying **to New York**.
나는 뉴욕으로 가고 있어.

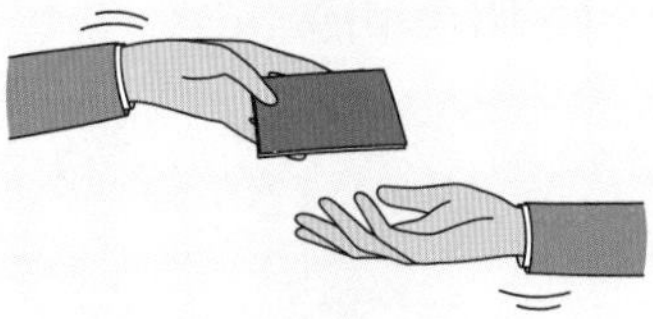

He gave a book **to me**.
그는 나에게 책을 한 권 주었어.

A flower basket was delivered **to her**.
꽃바구니가 그녀에게 배달됐어.

The cold weather turned the water **to ice**.
추운 날씨는 물을 얼음으로 바뀌게 했어.

Practice

다음의 문장을 영어로 표현해 보세요.

그는 그 가게로 달려가고 있었어.

그는 우리에게 친절해.

UNIT 65 with (1)

I'm **with** my friend.

나는 내 친구와 함께 있어.

? 엄마, 전치사 with 는 언제 쓰나요?

Mom's Check Point!

전치사 with 의 기본 개념은 '함께'에요. 몇 가지 경우로 나누어 의미를 알아볼까요?

함께 (같은 공간에서 함께 있음)

- I'm **with my friend**. 나는 내 친구와 함께 있어.
- I have **some cash with me**. 나는 현금을 좀 지니고 있어.

함께 (어떤 행동을 같이함)

- I went to the airport **with him**. 나는 그와 함께 공항에 갔다.
- I studied **with Jane** after class. 나는 수업 후 제인과 함께 공부했어.

함께 (어떤 도구를 가지고 / 이용하여)

- I opened the door **with my key**. 나는 열쇠를 가지고 문을 열었어.
- My grandmother walks **with a cane**. 나의 할머니는 지팡이를 가지고 걸으셔.

'함께'라는 기본 의미를 지닌 with 로 문장 연습을 해볼까요?

Linda is **with her grandson.**

린다는 손자와 함께 있어. (같은 공간)

I have **my passport with me.**

나는 내 여권을 지니고 있어. (같은 공간)

I work **with my colleagues.**

나는 직장동료와 함께 일해. (함께~하다)

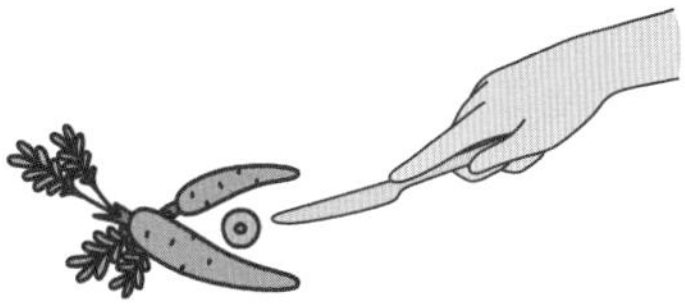

Jane cut the carrot **with a knife.**

제인은 칼로 당근을 잘랐어. (~를 가지고)

I eat noodles **with chopsticks.**

나는 젓가락으로 국수를 먹어. (~를 가지고)

Practice

다음의 우리말을 영어로 표현해 보세요.

크리스는 돌을 가지고 창문을 깼다.

....

제인은 친구들과 함께 쇼핑하러 갔었다.

....

UNIT 66 with (2)

She's a beautiful girl **with** long blonde hair.

그녀는 긴 금발 머리를 가진 아름다운 소녀야.

? with 의 쓰임이 많아서 어려워요. '함께'라는 뜻 말고 또 어떤 의미가 있나요?

Mom's Check Point!

- with 로 사람이나 사물의 생김새 특징을 묘사할 수 있어요.

  - a book **with a blue cover** 파란색 표지의 책
    (with a blue cover: 책의 모습 특징)
  - a man **with a moustache** 콧수염이 있는 남자
    (with a moustache: 남자의 외모 특징)
  - a dog **with a long tail** 긴 꼬리가 있는 강아지
  - a woman **with brown eyes** 갈색 눈을 가진 여자

- with 로 상황을 묘사할 수 있어요. 이때 with A B 구조로 나타내면 좋아요. (A가 B인 상황)

  - He fell asleep **with his mouth open**. 그는 입을 벌린 채 잠들었어.
    (with: ~채로 / his mouth: 입(A) / open: 벌어진(B))
  - I had dinner **with the TV on**. 나는 TV를 켜 놓은 채 저녁을 먹었어.
    (with: ~채로 / the TV: TV(A) / on: 켜진(B))
  - She's doing yoga **with her shoes on**. 그녀는 신발을 신은 채로 요가를 하는 중이다.
  - He was standing **with his eyes closed**. 그는 눈을 감은 채 서 있었다.

with 로 사람의 외모나 사물의 생긴 특징을 말해보세요.

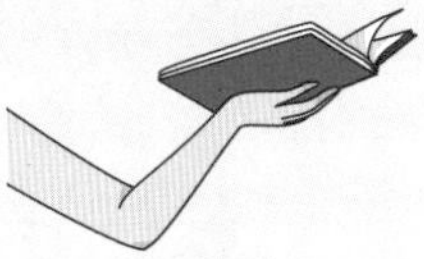

The book **with a red cover** is mine.
빨간 커버가 있는 책이 내 거야.

The woman **with glasses** is my sister.
안경 낀 여자가 나의 언니야.

Jane was sitting **with her legs crossed**.
제인은 다리를 꼰 채로 앉아 있었다.

Don't talk **with your mouth full**.
입에 음식을 가득 넣은 채 말하지 마.

I usually sleep **with the TV on**.
나는 대개 TV를 켜 놓은 채로 잔다.

Practice

다음의 우리말을 영어로 표현해 보세요.

그 오래된 집은 창문이 깨진 채로 초라해 보였어.

....

곱슬머리인 저 아이는 정말 귀엽다.

....

UNIT 67 by

She was standing **by** the window.

그녀는 창문 옆에 서 있었어.

? 엄마, 전치사 by 는 어떻게 활용하나요?

Mom's Check Point!

- 전치사 by 의 활용은 매우 다양해요. 많은 의미 중에서 제일 중요하고 빈번한 쓰임을 소개할게요.

~옆에, 가까이

- She was standing **by the window**. 그녀는 창문 옆에 서 있었어.
  (by: 옆에 / the window: 가까이에 있는 것)
- They have a house **by a lake**. 그들은 호수 근처에 집이 있어.

~를 타고 (교통수단)

- He came here **by train**. 그는 기차를 타고 여기 왔어.
- I go to work **by car**. 나는 차로 직장에 가.

~에 의하여

- This table was made **by my father**. 이 테이블은 나의 아빠에 의해 만들어졌다.
- The novel was written **by Hemingway**. 그 소설은 헤밍웨이에 의해 쓰였어.

by 를 어떻게 활용하는지 알아볼까요?

We sat **by the bonfire**.
우리는 모닥불 옆에 앉았어.

He's standing **by the door**.
그는 문 옆에 서 있어.

He's coming **by car**.
그는 자동차로 오고 있어.

They're going to school **by bus**.
그들은 버스를 타고 학교 가고 있어.

An armchair is being made **by Nicole**.
니콜에 의해 안락의자가 만들어지고 있어.

Practice

다음의 우리말을 영어로 표현해 보세요.

우리는 자전거를 타고 소풍을 갈 거야.

그 집 옆에 나무가 하나 있어.

UNIT 68 ~까지 by / until

I'll arrive **by** 7 o'clock.

7시까지 도착할 거야.

? 엄마, 우리말의 '어느 시점까지'를 표현할 때 '~까지'를 뭐라고 해요?

Mom's Check Point!

- 우리말로 '~까지'는 영어로 by 나 until 로 표현해요. by 를 쓸 때의 행위는 한 번만 하는 것이고, until 을 쓰면 행위가 지속됨을 나타내요.

- 다음 예문에서 도착하는 일은 한 번만 해요. 7시가 데드라인이니 7시까지는 도착한다는 뜻이에요.

  ▸ I'll **arrive** **by 7 o'clock**. 나는 7시까지 도착할 거야.

- 한 번만 하는 행위로는 arrive, finish, leave, submit 등이 있어요.

  ▸ You must **finish** your work **by 6 p.m**. 너는 오후 6시까지 일을 끝내야 해.
  (finish: 일회성 행위 / by 6 p.m: 데드라인)

- 다음 예문에서 머무는 일이 오후 5시까지는 지속돼요.

  ▸ I'll **stay** here **until 5 p.m**. 나는 오후 5시까지 여기에 있을 거야.
  (stay: 지속적 행위 / until 5 p.m: 행위가 지속되는 시점)

- 지속하는 행위에는 stay, wait, be open 등이 있어요.

  ▸ I'll **wait** **until 6 p.m**. 오후 6시까지 기다릴 거야.
  지속적 행위 까지

by는 일회성, until은 계속되는 행위에 쓰이는 것을 기억하며 예문을 연습해 보세요.

I have to submit the report **by tomorrow**.
나는 내일까지 리포트를 제출해야 해.

John has to finish his homework **by 3p.m**.
존은 3시까지 숙제를 마쳐야 해.

The restaurant is open **until 10p.m**.
그 레스토랑은 오후 10시까지 열린다.

I'll stay at this hotel **until tomorrow**.
나는 내일까지 이 호텔에서 머물 거야.

Let's wait **until the rain stops**.
비가 그칠 때까지 기다리자.

Practice

빈칸에 [by / until] 중 어울리는 전치사는 무엇일까요?

We need to leave ________________ noon at the latest.

She is out of the office ________________ next week.

CHAPTER 13

요청 / 부탁 / 권유하기

UNIT 69 ~하세요 / 하지 마세요

Be happy.

행복하세요.

? '~하세요' 또는 '~하지 마세요'라고 시키는 말은 어떻게 하나요?

Mom's Check Point!

- 상대방에게 '~하세요'라고 말할 때는 동사원형으로 표현해요. please 라고 하면 공손한 말이 돼요.
  - Please **go** home. 집에 가세요.
  - **Be** careful not to catch a cold. 감기에 걸리지 않게 조심해.

  tip 상태의 명령은 be 동사원형으로!

- '~하지 마세요'라고 할 때는 [don't + 동사원형]을 써요.
  - **Don't make** noise. 떠들지 마.
  - Please **don't be** late. 늦지 마세요.

- '~하자'라고 권할 때는 [let's + 동사원형]을 써요.
  - **Let's meet** at 7 p.m. 오후 7시에 만나자.
  - **Let's talk** over lunch. 점심 먹으면서 대화합시다.

✔ '~하지 말자'라고 할 때는 [let's not + 동사원형]을 써요.

- **Let's not eat** out. 외식하지 말자.
- **Let's not talk** about it anymore. 더 이상 그것에 대해 말하지 말자.

상대방에게 명령하거나 권유하는 표현을 연습해 볼까요?

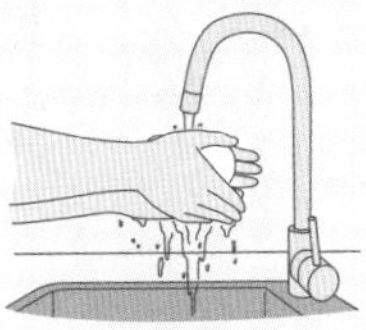

Wash your hands.
손을 씻어라.

Please **be** quiet.
조용히 하세요.

Don't be nervous.
긴장하지 마세요.

Don't swim here.
여기서 수영하지 마세요.

Practice

영어로 말해 보세요.

앉으세요.

....

고양이 밥 주는 거 잊지 마.

....

UNIT 70 부탁하기 / 허락 구하기

Could I have some coffee?

커피 좀 마실 수 있나요?

? 엄마, 명령하는 거 말고 부탁하는 것은 어떡해요?

Mom's Check Point!

- 부탁하거나 허락을 구할 때, '~할 수 있을까요?'라는 말은 공손한 정도에 따라 달리 표현할 수 있어요.

  Can I + **동사원형?** (친구나 가족 등 편한 사이)

  ▸ **Can I** have some water? 물 좀 마실 수 있어? (물 좀 줘)

  Could I + **동사원형?** (직장 동료/ 식당 직원 등 적절한 예의를 갖출 때)

  ▸ **Could I** speak to the manager? 매니저랑 얘기 좀 할 수 있나요?

  May I + **동사원형?** (면접관 등 매우 공손해야 할 상대에게)

  ▸ **May I** have your email address? 당신의 이메일 주소 좀 알려주실래요?

- 상대방에게 무엇을 해달라고 부탁할 때 'Can you ~?' 보다는 'Could you ~?'가 더 공손한 표현이에요. 또한 'please'를 같이 표현하면 훨씬 더 공손해져요.

  Can you + **동사원형?** (~해 줄래?)

  Could you + **동사원형?** (~해 주시겠어요?)

친구나 가족 등 가까운 사람에게 '~해도 될까?'라고 허락을 구할 때, 'May I ~?' 나 'Could I ~?'는 지나치게 공손해서 오히려 어색해요. 'Can I ~?' 정도가 자연스러워요.

공손한 정도를 달리하며 부탁하거나 허락을 구하는 표현을 해보세요.

Can I borrow your car?
네 차 좀 빌릴 수 있니?

Could I get a haircut, please?
머리 좀 잘라주세요.

May I get your email address?
이메일 주소 좀 주시겠어요?

Can you call me later?
나중에 전화해 줄래?

Practice

다음을 영어로 말해보세요.

부인, 가방 드는 것을 도와 드릴까요?

창문 좀 열어도 되나요?

CHAPTER 14

생활 속 영어 회화

UNIT 71 호텔 / 식당 / 항공편 예약하기

I'd like to book a room.

방 하나 예약하고 싶습니다.

? 엄마, 예약해야 할 경우 어떻게 표현해요?

Mom's Check Point!

- 기본적으로 '~하고 싶습니다'라는 'I'd like to 동사' 패턴을 쓰고, '예약하다'라는 동사로 book 이나 reserve 를 쓰면 돼요.

- 호텔, 식당, 항공편을 예약하기 위한 가장 자주 쓰는 표현을 알아볼까요?

호텔 예약

- **I'd like to book**[reserve] a room for tonight.

  오늘 밤에 필요한 방 하나 예약하고 싶어요.

식당 예약

- **I'd like to book**[reserve] a table for lunch. 점심 예약하고 싶어요.

항공편 예약

- **I'd like to book** a flight to Seoul. 서울행 항공편 하나 예약하고 싶어요.

예약에 필요한 표현을 좀 더 자세히 알아볼까요?

- **I'd like to book** a room for two people.

두 사람이 이용할 방 하나 예약하고 싶어요.

- **I'd like to book** a room with two single beds.

두 개의 싱글 베드가 있는 방으로 예약하고 싶어요.

- **I'd like to reserve** a table for dinner.

저녁 식사 예약하고 싶어요.

- **I'd like to make a reservation** for three people.

세 사람 식사 예약하고 싶어요.

- I have a reservation.

예약되어 있어요.

- **I'd like to book** a fight from Seoul to London.

서울에서 런던 가는 항공편 예약하고 싶어요.

- **I'd like to book** a one way ticket to Seoul.

서울 가는 편도 티켓 예약하고 싶어요.

- Is there a direct flight to Seoul?

서울 가는 직항 항공편이 있나요?

- A round-trip ticket to London, please.

런던행 왕복티켓 부탁해요.

Practice

다음과 같이 예약을 영어로 말해보세요.

서울 가는 왕복 항공 티켓을 예약하고 싶어요.

두 사람의 점심식사 예약하고 싶어요.

How would you like your steak?

스테이크 어떻게 해드릴까요?

식당에서 가장 빈번하게 쓸 수 있는 표현을 알아볼까요?

restaurant

◦ How many in your party?

몇 분 이세요?

◦ Would you like something to drink?

마실 거 드릴까요?

◦ Can I take your order?

주문하시겠어요?

◦ This is on the house. / This is complimentary.

이건 무료예요.

◦ How's everything? / Did you enjoy your meal?

맛있게 드셨나요?

customer

◦ Can I get some water, please?

물 좀 주시겠어요?

◦ Can I get a coke without ice?

얼음 빼고 코카콜라 하나 주세요.

◦ We're three.

세 명이에요.

◦ Is the wait long?

오래 기다리나요?

◦ What would you recommend?

추천해주실 것이 있나요?

◦ What's in this dish?

이 요리에는 뭐가 들어가요?

◦ I'm allergic to peanut.

저는 땅콩 알레르기가 있어요.

◦ Can I have the burger without pickles?

버거에 피클을 빼고 주세요.

◦ I'd like to have the sauce on the side.

소스는 따로 주세요.

◦ Is it extra? / Is this free?

추가비용 있나요? / 이건 무료인가요?

◦ Is this enough for two people?

이 정도면 두 명에게 충분한가요?

◦ Can I get a refill, please?

리필할 수 있나요?

◦ Can I have our check (bill)?

계산서 주세요.

◦ Can we split the check (bill)?

각자 나누어서 계산할 수 있나요?

◦ This is on me.

제가 낼게요.

◦ Do you take American Express?

American Express 카드도 되나요?

◦ Can you put this in a takeaway box?

남은 음식 좀 싸주세요.

Practice

영어로 말해보세요.

해산물 피자가 제일 인기 있는 요리에요.

오렌지 주스 주세요.

UNIT 73 날씨 표현

It's **freezing**.

꽁꽁 어는 날씨야.

? 날씨가 어떠한지를 표현하는 다양한 방법을 알고 싶어요.

Mom's Check Point!

- 날씨는 덥거나 추운 정도에 따라서 다양하게 표현할 수 있어요.

날씨 묻기

- How's the weather today? 오늘 날씨 어때?
- What's the weather like? 날씨 어때?

좋은 날씨	It's sunny. It's warm. It's gorgeous.	화창한 날씨다. 따뜻하다. 날씨가 너무 좋다.
더운 날씨	It's hot. It's humid. It's stifling. It's muggy. It's sticky.	덥다. 습하다. 숨막히게 덥다. 후덥지근하다. 끈적끈적하고 습한 날씨다.
흐리거나 비 오는 날씨	It's foggy. It's cloudy. It's windy. It's rainy. It's drizzling.	안개가 끼었어. 흐린 날씨야. 바람부는 날씨다. 비 오는 날씨다. 보슬비가 내리고 있다.
추운 날씨	It's chilly. It's cold out there. It's snowy. It's freezing.	쌀쌀하다. 밖이 춥다. 눈이 내린다. 너무 추워서 얼 것 같다.

날씨 관련 유용한 표현을 알아볼까요?

It's **balmy** today.
오늘 날씨가 따뜻해.

It's **muggy**.
후덥지근하네.

It's **windy**.
바람 부는 날씨야.

It's **foggy**.
안개가 꼈어.

It's **cold** outside.
밖이 추워.

Practice

다음 빈칸에 어울리는 날씨 표현을 써보세요.

Bundle up. It's ________________.

It's________________, so take an umbrella.

UNIT 74 시간 말하기

It's **quarter to six**.

6시 15분 전이다.

? 엄마, 시간을 영어로 말하는 방법이 궁금해요.

Mom's Check Point!

시간을 표현하는 방식을 알아볼까요?

'몇 시예요?'

- What time is it (now)?
- Do you have the time?

정각~시

- It's **five**(o'clock). 5시예요. (정각)
- It's **ten a**.**m**. 오전 10시예요.
- It's **nine p**.**m**. 오후 9시예요.
- It's **noon**. (It's midday. / It's twelve noon.) 정오예요.
- It's **midnight**. 밤 12시예요. (자정)

It's~시~분

- It's **two ten**. 2시 10분.
  (two: 시, ten: 분)
- It's **two thirty**. 2시 30분.
- It's **two forty-seven**. 2시 47분.

~지난 (~past)

- It's **five past** two. 2시 5분. (5분 지난 2시)
  5분 지난 2시
- It's **fifteen past** eight. (= It's **quarter past** eight) 8시 15분.

tip quarter는 15분을 나타냄

~시~전

- It's **five to** eight. 8시 5분 전.
  5분 전 8시
- It's **quarter to** three. 3시 15분 전.

It's eight o'clock.
8시 정각이에요.

It's ten twelve.
10시 12분이에요.

It's ten past ten.
10시 10분이에요.

It's three to twelve.
12시 3분 전이에요.

Practice

다음의 시간을 영어로 표현해 보세요.

5시 15분 전

6시 25분

UNIT 75 전화하기

Who's calling please?

누구세요?

? 전화로 통화할 때의 말은 얼굴을 보며 대화하는 것과 다른가요?

Mom's Check Point!

- 전화를 받거나 걸 때 쓰이는 유용한 표현과 주의해야 할 점을 알아볼까요?
  - Hello. 여보세요.
  - Who's this? / Who's calling please? 누구세요?
  - This is Joe. 저는 조입니다.
  - What is this regarding? 무슨 일이에요? (용건 묻기)
  - May I speak to James? 제임스랑 통화할 수 있을까요?
  - Is this a good time? 지금 전화 받기 괜찮으세요?
  - This is he(she). / Speaking. / This is James speaking. 저예요.
  - I'm calling to + **동사** ~하기 위해 전화 드렸어요. (용건 말하기)

- 전화로 누구냐고 물을 때, Who are you? 또는 What's your name? 이라고 하면 무례하고 어색해요.

- 전화상에서 자신이 누구인지 말할 때는 I'm~ 라고 하지 않고 This is~ 라고 해요.

- 용건을 물을 때 'Why did you call me?' 라고 하면 무례해요.

전화하거나 받을 때의 상황을 연습해 볼까요?

Mark: Hello. Good morning.

마크: 여보세요.

Jane: Hello. Good morning. Who's calling please?

제인: 여보세요. 누구세요?

Mark: This is Mark.

마크: 마크입니다.

Jack: Hello. This is Jack. Can I speak to Linda?

잭: 여보세요. 잭인데요. 린다와 통화할 수 있을까요?

Linda: Hello. This is she.

린다: 안녕하세요. 전데요.

Jack: Is this a good time?

잭: 통화하기 괜찮으세요?

Cindy: Good morning. May I speak to Mr. Green?

신디: 안녕하세요? 그린씨와 통화할 수 있나요?

Amy: Speaking. What is this regarding?

에이미: 전데요. 무슨 일이세요?

Cindy: I'm calling to confirm your order.

신디: 당신의 주문을 확인하려고요.

Practice

전화할 경우 다음의 표현을 영어로 해보세요.

누구세요?

....

무슨 일로 전화하셨나요?

....

CHAPTER 15

관계대명사와 관계부사

UNIT 76 관계대명사 (1)

We need an employee **who** speaks English well.
우리는 영어를 잘하는 직원이 필요해요.

? 엄마, 관계대명사는 왜 필요해요?

Mom's Check Point!

- 관계대명사로 사람이나 사물에 대한 설명을 할 수 있어요.
  관계대명사를 쓰는 이유는, 설명하려는 내용을 한 단어의 형용사로 표현할 수 없기 때문이에요.

▸ a **competent** **employee** 능력 있는 직원
  (competent: 능력 있는(형용사) / employee: 직원)

tip competent라는 형용사로 employee를 직접 설명하기 때문에 관계대명사가 필요 없어요.

▸ an **employee** **who** **speaks English well** 영어를 잘하는 직원
  (employee: 직원(명사) / who: 관계대명사 / speaks English well: 영어를 잘 하는)

tip '영어를 잘하는'이라는 형용사 단어가 없기 때문에 관계대명사가 필요해요. 어떤 직원인지 설명하기 전에 관계대명사를 미리 써 놓고 '영어를 잘하는'이라는 말을 써주면 돼요.

- 꾸미고자 하는 명사를 선행사라고 해요. 선행사가 사람이면 who, 사물이나 동물이면 which 를 쓰는데, that 은 사람과 사물에 모두 쓸 수 있어요.
  동사는 선행사의 수에 맞게 써요.

▸ a **robot** **which** **cleans the house** 집을 청소하는 로봇
  (robot: 사물1개 / which: 관계대명사 / cleans the house: 집을 청소하는)

관계대명사 다음에 바로 동사를 쓰면 '동사를 하는'이라는 말로 앞에 있는 말 (선행사)을 꾸며요.

She is the woman **who (that) won the gold medal**.
그녀가 금메달을 딴 그 여자예요.

I saw a girl **who (that) has long hair**.
나는 긴 머리를 가지고 있는 어떤 소녀를 보았어.

This is the robot **which (that) takes an order**.
이것이 주문받는 로봇이다.

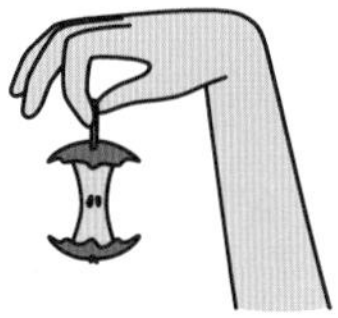

He ate the apple **which (that) was on the table**.
그는 테이블 위에 있었던 사과를 먹었어.

I know a man **who(that) teaches English**.
나는 영어를 가르치는 어떤 남자를 알아.

Practice

다음을 관계대명사를 써서 표현해 보세요.

이 사람이 창문을 깬 남자다.

나는 가방을 훔친 남자를 보았다.

UNIT 77 관계대명사 (2)

This is the book **which** I bought yesterday.

이것이 내가 어제 구입한 책이다.

관계대명사 바로 다음에 주어 +동사가 오는 경우는 무슨 뜻이에요?

Mom's Check Point!

- [명사 + 관계대명사 + 주어 + 동사] 구조에서 [주어 + 동사]는 앞의 명사를 꾸며줘요.

  - **the book which I bought** 내가 산 책
    (the book: 명사(선행사) / which: 관계대명사 / I bought: 설명)

  tip 이 경우, '내가 산'이라는 뜻의 형용사 단어가 없으므로 관계대명사로 설명해요. 책은 사물이니 관계대명사 which 또는 that을 써놓고, 설명('내가 샀다')을 그대로 영어로 써주면 돼요.

  - the girl **who Jason likes** 제이슨이 좋아하는 여자아이
  - the girl **who I teach** 내가 가르치는 여자아이

  tip 이 경우 whom 을 쓰기도 하지만 회화에서는 거의 who 로 써요.

  - the painting **which I like** 내가 좋아하는 그림
  - the painting **which I bought** 내가 산 그림

- 관계대명사 다음에 주어 + 동사가 오는 경우는 관계대명사를 생략해도 돼요.

  - the painting **which I bought.** = the painting I bought 내가 산 그림
  - the painting **which I like.** = the painting I like 내가 좋아하는 그림

관계대명사 다음에 주어 + 동사가 오는 문장구조와 관계대명사를 생략하는 문장도 함께 익혀봐요.

This is the boy **who (that) I saw**.

이 아이가 내가 보았던 남자아이야.

Show me the picture **which (that) you took**.

네가 찍은 사진 보여줘.

I like cookies **my mother makes**.

엄마가 만드는 쿠키가 좋아. (관계대명사 생략)

This is the house **my grandfather built**.

이것이 나의 할아버지가 지으신 집이야. (관계대명사 생략)

Nancy is the girl **who(that) Jason likes**.

낸시는 제이슨이 좋아하는 여자아이야.

Practice

관계대명사를 써서 다음과 같이 표현해 보세요.

이것이 어제 내가 잃어버린 시계야.

우리는 제인이 만든 피자를 다 먹었어.

UNIT 78 관계대명사 (3)

What I saw was a cat.

내가 본 것은 고양이였어.

? 엄마, what 도 관계대명사에요? '무엇'이라는 뜻의 what 과 헷갈려요.

Mom's Check Point!

- '내가 **본 것**은 고양이였어' '너의 손에 **숨기고 있는 것**을 보여줘' 처럼 '~하는 것'을 관계 대명사 what 으로 표현해요. 이때, '무엇'이라는 의문사 what 과는 해석으로 구분해요.

▸ **What's** your name? 네 이름이 뭐니?
의문사(무엇?)
▸ **What I saw** was a cat. 내가 본 것은 고양이였어.
관계대명사(것)

- '것'이라고 해석되는 이유는 'the thing that' (~하는 것)을 what 이라는 한 단어로 만들었기 때문이에요.

구조 1. What + 주어 + 동사 (주어가 동사하는 것)

▸ What I like 내가 좋아하는 것

▸ What I have 내가 가진 것

▸ What I bought 내가 산 것

구조 2. What + 동사 (동사하는 것)

▸ What is important 중요한 것

▸ What was good 좋았던 것

▸ What makes me angry 나를 화나게 하는 것

관계대명사 what 으로 문장연습을 해볼까요?

What she needs is money.
그녀가 필요한 것은 돈이야.

You can take **what you like**.
네 맘에 드는 것을 가져가도 돼.

What he invented surprised the world.
그가 발명한 것은 세상을 놀라게 했어.

What makes me happy is being with you.
나를 행복하게 하는 것은 너와 함께 있는 것이야.

I remember **what I ordered**.
나는 내가 주문한 것을 기억한다.

Practice

관계대명사 what **으로 다음과 같이 표현해 보세요.**

너의 손에 감추고 있는 것을 보여줘.

중요한 것은 우리의 안전입니다.

UNIT 79 관계부사 where

This is the house **where** I live.

여기가 내가 사는 집이야.

? 관계부사는 뭐예요? 관계대명사와 다른 건가요?

Mom's Check Point!

- 어떤 장소에 대해 좀 더 설명하고 싶으면 (그곳에서 무슨 일이 일어나고 있는지) 그 장소 다음에 where 를 써주고 설명을 쓰면 돼요.

  - This is **the house** (장소) **where** (관계부사) **I live** (설명(house에서 하는 일)). 이것이 내가 사는 집이야.

    tip This is the house (이것이 그 집이야) + where I live (내가 살고 있는)

  - I visited **the factory** (장소) **where** (관계부사) **they work** (공장에서 일어나는 일). 나는 그들이 일하는 공장에 갔어.

    tip I visited the factory (나는 그 공장에 갔어) + where they work (그들이 일하는)

- 설명을 하고싶은 장소 바로 뒤에 [where + 설명]을 써요.
  이때 [where + 설명] 속에 있는 동사는 전체 문장의 동사가 아니에요.

  - **The town** (주어) **where I live** (설명) is (동사) beautiful. 내가 사는 마을은 아름다워.

    tip The town where I live (내가 사는 마을)이 문장의 주어이고, is가 동사에요.

  - **The restaurant where we ate pizza** is famous.
    우리가 피자를 먹었던 그 식당은 유명해.

    tip The restaurant where we ate pizza (우리가 피자를 먹었던 식당)이 문장의 주어에요.

관계부사 where 로 장소에 대해 연습해 볼까요?

This is the room **where I sleep**.
이것이 내가 자는 방이야.

This is the park **where I met him**.
이것이 내가 그를 만난 공원이야.

The hospital **where my baby was born** is in Seoul.
내 아기가 태어난 병원은 서울에 있어.

Chris saw an aquarium **where a lot of fish were swimming**.
크리스는 많은 물고기가 헤엄치고 있는 수족관을 보았어.

That is the restaurant **where I had dinner yesterday**.
저기는 어제 내가 저녁을 먹은 식당이다.

Practice

where 를 이용하여 장소에 관해 설명을 해보세요.

이 집이 내가 태어난 집이야.

난 지갑을 잃어버렸던 카페를 기억해.

UNIT 80 관계부사 when

Sunday is the day when the children can sleep in.

일요일은 아이들이 늦잠을 잘 수 있는 날이야.

? 장소의 설명은 where 로 했는데, 시간의 설명은 무엇으로 해요?

Mom's Check Point!

- 시간에 관해서 설명하고 싶으면 그 시간개념 바로 다음에 when 을 쓰고 설명을 쓰면 돼요.

▸ I remember the day **when** I first met you. 난 너를 처음 만난 그날을 기억해.
(the day: 시간개념 / when: 관계부사 / I first met you: 그날 있었던 일)

tip the day when I met you (내가 너를 만난 날)

▸ 2010 is the year **when** I got married. 2010년은 내가 결혼한 해야.
(the year: 시간개념 / when: 관계부사 / I got married: 그 해에 있었던 일)

tip the year when I got married (내가 결혼한 년도)

- [when + 설명]을 할 때, 설명 속에 있는 동사는 문장 전체의 동사가 아니에요.

▸ The year **when he was born** was 2000. 그가 태어난 해는 2000년이야.
(The year: 시간개념 / when he was born: 설명 / was: 동사)

tip the year when I was born. (내가 태어난 년도)

▸ Monday is the day **when I don't work**. 월요일은 내가 일하지 않는 날이다.
(Monday: 주어 / is: 동사 / when I don't work: the day를 설명)

when 을 이용하여 특정 시간에 있거나 있었던 일을 연습해 볼까요?

He calls me at night **when I have time to talk.**
그는 내가 대화할 시간이 있는 밤에 전화해.

I miss my school days **when I was a child**.
나는 내가 아이였던 학창 시절이 그리워.

The year **when I moved to Seoul** was 2019.
내가 서울로 이사했던 해는 2019년이야.

January is the month **when it snows a lot**.
1월은 눈이 많이 오는 달이야.

I remember the day **when you proposed to me.**
난 네가 나에게 청혼한 날을 기억해.

Practice

when 을 **이용하여 영작해 보세요.**

네가 도착한 날 나는 너무 신났어.

일요일은 내가 교회 가는 날이야.

CHAPTER 16

영어 어순

UNIT 81 어순 (주동목)

I bought a book yesterday.

나는 어제 책 한 권을 샀다.

? 엄마, 어순이 무슨 뜻이에요?

Mom's Check Point!

- 어순은 말의 순서라는 뜻인데요, 영어 어순은 우리나라 말의 어순과는 다르며, 영어의 어순이 좀 더 엄격한 규칙을 적용해요.
  영어로 말할 때 가장 기본적인 요소는 주어, 동사, 목적어에요.

- 우리말은 순서가 조금씩 바뀌어도 이해가 잘 돼요.
  - 나는 어제 여기서 책 한 권을 샀다. / 나는 여기서 어제 책 한 권을 샀다. / 나는 책 한 권을 어제 여기서 샀다.

  그러나 이 말을 영어로 옮긴다면 다음과 같은 어순을 지켜야 해요.

  규칙: [주어 + 동사 + 목적어] → 떨어짐 금지

- 주어 (은 / 는 / 이 / 가) 와 동사 (~이다 / ~한다)는 떨어지면 안 되며, 동사와 목적어(~을 / 를)도 떨어지면 안 돼요. 주어, 동사, 목적어를 주동목이라 할게요.
  - **I bought a book** yesterday. 나는 어제 책 한 권을 샀다.
    주 동 ←떨어짐 금지→ 목

- 주동목 어순을 어기면 문장이 이상해져요.
  - I a book bought yesterday. (×)
  - I bought yesterday a book. (×)

주동목 떨어짐 금지의 규칙으로 연습해 볼까요?

◦ Mark runs fast. (○)

(주동 + 부사)

◦ Mark fast runs. (×)

(주어+ 부사+ 동사) : 주동이 떨어짐.

◦ I ate a hamburger yesterday. (○)

(주동목 + 부사)

◦ I ate yesterday a hamburger. (×)

(주동+ 부사+목) : 동사와 목적어가 떨어짐.

◦ Linda made dinner quietly. (○)

(주동목 + 부사)

◦ Linda dinner made quietly. (×)

(주목동+부사) : 주동목 순서가 아님.

◦ Jane drinks coffee every morning. (○)

(주동목 + 부사)

◦ Jane every morning drinks coffee. (×)

(주+부사+동목) : 주동목을 우선 연결하고 시간의 부사를 씀.

Practice

영어 어순에 맞게 다음을 영작하세요.

나는 내 방에서 공부했어.

나는 라면을 요리하기 위해 물을 끓였어.

UNIT 82 어순 (장시유)

I studied **hard in my room yesterday**.

나는 어제 내방에서 열심히 공부했어.

? 장소, 시간, 이유 같은 부사들도 올바른 순서가 있나요?

Mom's Check Point!

- 장소, 시간, 이유, 방법은 부사라고 해요. 부사는 자연스러운 순서가 있는데, 방법은 동사와 가깝게 쓰고, 나머지는 장소, 시간, 이유 순서가 가장 자연스러워요.

tip 엄배영은 이것을 줄여서 **장시유**라고 해요

1. 어떻게 (방법) 2. 어디서 (장소) 3. 언제 (시간) 4. 왜 (이유)

- I studied **hard** **in my room** **yesterday**.
  방법 장소 시간
  나는 어제 방에서 열심히 공부했어요.

- We walked **fast** **to the station** **yesterday** **to catch the train**.
  방법 장소 시간 이유
  우리는 어제 기차를 타기 위해 역까지 빨리 걸어갔다.

- Jane went **upstairs** **this morning** **to get dressed**.
  장소 시간 이유
  제인은 오늘 아침에 옷을 입기위해 위층으로 올라갔다.

- I take a shower **at home** **every morning** **to relax**.
  장소 시간 이유
  나는 피로를 풀기 위해 아침마다 집에서 샤워한다.

한 문장에 여러 가지 부사가 있을 때, 자연스러운 부사의 순서를 연습해 볼까요?

I met my friend **here yesterday**.

나는 어제 여기서 친구를 만났어. (장소, 시간 순)

She skipped breakfast **yesterday because she was busy**.

그녀는 어제 바빴기 때문에 아침을 걸렀어. (시간, 이유 순)

I went **to the vet's yesterday because my dog was sick.**

나의 강아지가 아팠기 때문에 어제 나는 동물병원에 갔다.
(장소, 시간, 이유 순)

We walked **to the station yesterday to take the train**.

우리는 어제 기차를 타기 위하여 역으로 걸어갔어.
(장소, 시간, 이유 순)

We had a party **yesterday to celebrate our 10th wedding anniversary**.

우리는 결혼 10주년을 기념하기 위해서 어제 파티를 했다.
(시간, 이유 순)

Practice

영어 어순에 맞게 다음의 말을 영작하세요.

아기가 자고 있었기 때문에 나는 어제 주방에서 조용히 저녁을 준비하고 있었어.

날씨가 후덥지근해서 아침에 나는 찬물로 샤워했어.

UNIT 83 어순 (강조하기)

In the snow, we had a lot of fun yesterday.

눈 속에서, 우리는 어제 재미있게 놀았어.

? 엄마, 어순에는 예외라는 것이 전혀 없나요?

Mom's Check Point!

- 영어 어순의 기본은 [주어 + 동사 + 목적어 (주동목)]과 [장소 + 시간 + 이유 (장시유)] 지만, 강조하고 싶은 말은 어순과 상관없이 맨 먼저 써요. 강조하고 싶은 말을 제일 먼저 하고 싶겠죠!

▸ We had a lot of fun **in the snow** yesterday.

⇨ **In the snow**, we had a lot of fun yesterday.
장소 (강조)

tip 'In the snow' 는 장소를 나타내는 부사인데, 강조하기 위해 문장 맨 처음에 썼어요.

- 같은 성분이 여러 개 있을 때 (장소가 두 개 있거나 시간이 세 개 있는 등) 작은 단위에서 큰 단위 순서로 해요.

▸ I live **in Yongin, Gyeonggi-do, Korea**. 나는 대한민국 경기도 용인에서 산다.

tip 세 개의 장소 개념에서 가장 작은 개념부터 큰 장소 개념 순으로 써서, 용인, 경기도, 대한민국이라고 했어요.

주의 사항을 기억하면서 어순 연습을 해볼까요?

강조하고 싶은 말은 제일 먼저 쓸 수 있어요.

- **For 50 years,** we have been married.

50년 동안, 우리는 부부야.

- **Yesterday,** my son was born.

어제 나의 아들이 태어났어.

- **Finally,** we made it.

마침내, 우리는 해냈어!

같은 요소가 여러 개면 작은 것에서 큰 순서로 써요.

- Amy was born **at 3 p.m. on July 10th in 2018**.

에이미는 2018년 7월 10일 오후 3시에 태어났다.

- I bought this hat **at a store in Manhattan, New York**.

나는 이 모자를 뉴욕, 맨하탄의 한 상점에서 샀어.

- I studied English **for 5 hours every day last year**.

나는 작년에 매일 5시간 동안 영어를 공부했어.

Practice

다음을 영어로 표현해 보세요.

그의 방에서 그는 매일 기타를 친다. ('방에서'를 강조)

.....

그 빌딩은 대한민국 서울의 강남에 위치해 있다.

.....

CHAPTER 17

접속사

UNIT 84 문장 연결하기

We stayed at home **because** it was cold.

날씨가 추웠기 때문에 우리는 집에 있었어.

? 엄마, 여러 개의 문장을 연결하려면 어떻게 해요?

Mom's Check Point!

- 주어와 동사를 갖춘 문장을 절(clause)이라고 하고, 절과 절을 연결하려면 반드시 접속사가 필요해요.

  ▸ We stayed at home (절1) + **because** (접속사) + it was cold (절2).

  tip 'We stayed at home'이라는 문장과 'it was cold'라는 또 다른 문장을 because가 연결해 주어서 하나의 문장을 만들었어요. 따라서 because를 접속사라고 해요.

- 콤마로 두 문장을 연결할 수 없어요.

  ▸ We stayed at home, it was cold. (×)

- 접속사가 있는 문장의 위치는 앞에 올 수도 있고 뒤에 올 수도 있어요. 앞에 올 경우, 콤마를 해요.

  ▸ **When** (접속사) I got home (절1), he was sleeping (절2). 내가 집에 도착했을 때 그는 자고 있었어.

  = He was sleeping **when** I got home.

다양한 접속사들이 있어요.

and	그리고	but	그러나
if	~한다면	when	~할 때
while	~하는 동안	because	~때문에
so	그래서	although	(비록) ~하지만

접속사를 이용하여 두 개의 문장을 연결해 볼까요?

Yesterday was my birthday, **and** we had a good time.

어제는 내 생일이었고, 우리는 즐거운 시간을 보냈어.

I have a lot of friends, **but** I feel lonely.

나는 친구가 많지만, 외로움을 느껴.

Jane wears an eye mask **while** she's sleeping.

제인은 자는 동안 눈 마스크를 써.

I married Mark, **so** he's my husband.

나는 마크와 결혼했어. 그래서 그는 내 남편이야.

Practice

적절한 접속사를 이용하여 표현해 보세요.

제인은 공부하는 동안 보통 음악을 듣는다.

마크는 피곤했기 때문에 택시를 탔다.

UNIT 85 if (1)

If it is fine, we will go on a picnic.

날씨가 좋으면, 우리는 피크닉을 갈 거야.

? '~라면, ~할 거야' 처럼 어떤 조건일 때 어떻게 할 거라는 말은 어떻게 해요?

Mom's Check Point!

- '~한다면 ~하겠다'라는 말을 할 때, '~한다면'은 if 를 써요. 주의할 점은, if 절에서 미래의 일이지만 현재 시제를 써요.

▸ **If it is fine,** we will go on a picnic tomorrow.
~라면(현재 시제) ~할 거야

tip If it will be fine, ~ (×)

▸ **If he arrives,** I will let you know. 그가 도착하면, 당신에게 알려 줄게.

tip If he will arrive ~ (×)

- if 절은 중간에 쓸 수도 있는데, 이때는 콤마를 쓰지 않아요.

▸ **If it rains tomorrow,** I will stay at home.
= I will stay at home **If it rains tomorrow**.
내일 비가 오면 나는 집에 있을 거야.

▸ **If I go to London,** I will call you.
= I will call you **if I go to London**.
런던에 가면, 너에게 전화할게.

'~하면~할 것이다' 표현을 연습해 볼까요?

If you want, we can change the design.
네가 원하면, 우리는 설계를 변경할 수 있어.

If you do your best, you'll win the Best Teacher Award.
최선을 다한다면, 당신은 최고의 선생님 상을 받을 거예요.

If she finishes making the muffler, I'll wear it.
그녀가 목도리를 만들면, 난 그것을 착용할 거야.

You'll look great **if I cut** your hair.
내가 당신의 머리를 자르면, 당신은 멋질 거예요.

If Jane comes too late, we'll leave without her.
제인이 너무 늦게 온다면 우리는 그녀 없이 떠날 거야.

Practice

if 를 써서 다음의 표현을 해보세요.

내일 눈이 온다면 우리는 눈사람을 만들 거야.

네가 나를 도와준다면, 모든 일이 잘될 거야.

UNIT 86 if (2)

If I had a lot of money, **I would help** you.

만약 내가 돈이 많다면, 너를 도울 텐데.

? '내가 만약 새라면' 처럼 현실적으로 불가능한 일을 가정하는 방법이 있나요?

Mom's Check Point!

- '내가 만약 새라면 날아갈 수 있을 텐데'처럼 사실과 다른 일이나 가능성이 없는 일을 상상만 할 때는 다음과 같이 표현해요.

If + 주어 + 과거동사, 주어 + 조동사의 과거형 (would, could 등) + 동사원형

tip 이때, be 동사의 과거는 보통 were로 써요 (회화에서는 was도 가능)

- **If I were** a bird, I **could fly**.
  ~라면 / ~텐데
  만약 내가 새라면 날아갈 수 있을 텐데. (현실적으로 불가능한 일)

- **If I were** you, I **would not do** that.
  ~라면 / ~하지 않을 텐데
  내가 너라면 그렇게 하지 않을 텐데. (현실적으로 불가능한 일)

- **If I had** enough time, I **would help** you.
  과거 시제 / 조동사 과거 동사원형
  시간이 충분히 있다면 너를 도울 텐데. (현실은 시간이 없어서 도와주지 못함)

- **If you lived** near here, I **could see** you every day.
  ~라면 / ~텐데
- 만약 네가 여기 가까이 산다면 너를 매일 볼 수 있을 텐데. (사실은 네가 멀리 살아서 매일 볼 수가 없음)

현실과 반대되는 일을 가정해 볼까요?

If I were a doctor, **I would cure** you.
만약 내가 의사라면 당신을 낫게 할 텐데.

If we were adults, **we would get married**.
만약 우리가 어른이라면, 결혼할 텐데.

If I had a car, **I could drive** to work.
만약 내가 차가 있다면 운전해서 출근할 텐데.

If I knew her phone number, **I would call** her.
만약 내가 그녀의 번호를 안다면 그녀에게 전화할 텐데.

If I had a driver's license, **I could drive**.
만약 내가 운전면허증이 있다면 운전할 수 있을 텐데.

Practice

if 를 써서 현실과 반대되는 상황을 가정해 보세요.

만약 내가 부유하다면 가난한 사람들을 도울 텐데.

....

네가 캠핑을 좋아한다면, 우리는 일요일마다 캠핑을 갈 텐데.

....

CHAPTER 18

구동사

UNIT 87 get 구동사

He **got over** his illness.
그는 병을 이겨냈어.

엄마, 구동사가 무슨 말이에요?

Mom's Check Point!

- 동사에 전치사 (또는 부사)를 붙이면 두세 개의 단어가 되고, 두세 개의 단어로 된 동사를 '구동사' (phrasal verbs)라고 해요.
  - He **got over** his illness. 그는 병을 이겨냈어.
    (got over: 구동사(두 단어))
- 주의할 점은, 목적어가 대명사이면 목적어를 구동사 사이에 쓰는 경우가 많아요.
  - Get **it** over. 그것을 극복해라. (목적어 it이 대명사라서 구동사 사이에 있음)
  - Get over **it**. (×)
- get 구동사는 정말 많지만, 대표적인 것들을 소개할게요.
  - get on: on이 붙어있다는 뜻인데, 버스나 기차에 타면 발이 붙어있게 돼서, '(버스, 기차 등에) 타다'를 뜻함.
  - get up: up이 '위로'이므로 눕거나 앉아있다가 일어난다는 뜻.
  - get over: over가 '~넘어' '~위로'의 뜻으로, 무엇인가를 넘어가거나 (위기나 병을) 극복한다는 뜻.

- get along with: along이 '~를 쭉 따라서'라는 뜻이라 누군가와 쭉 따라서 함께 한다면 '~와 잘 지내다'의 의미가 됨.
- get behind: behind가 '뒤에' 있는 것이니 무슨 일 뒤에 뒤쳐져 있는 느낌으로 '뒤쳐지다'의 의미.
- get between: between이 '둘 사이'이니까 두 사람 사이에 '끼어들다'의 의미.

get 동사에 다양한 전치사를 붙여서 새로운 의미를 만들어봐요.

Get on the bus.
버스 타라.

I **get along with** my friends.
나는 친구들과 사이좋게 지내.

She's **getting behind** schedule.
그녀는 일정에 뒤처져 있어.

Don't **get between** me and my husband.
나와 나의 남편 사이에 끼어들지 마.

Practice

get 구동사를 써서 다음을 표현해 보세요.

나는 내 동료들과 잘 지내고 싶어.

마크는 충격에서 벗어났어.

UNIT 88 go 구동사

This tie **goes well with** your dress shirt.

이 넥타이는 너의 와이셔츠와 잘 어울려.

? go 동사로 만들 수 있는 구동사는 뭐에요?

Mom's Check Point!

- go 구동사는 go 동사 다음에 전치사 (또는 부사)가 함께 쓰여서, 새로운 의미를 만들어내는 것을 말해요.
  - This tie **goes well with** your shirt. 이 셔츠는 너의 와이셔츠와 잘 어울려.
    (goes well with: go 구동사)

- go 구동사는 정말 많지만 매우 흔한 go 구동사를 소개할게요.
  - go up: up이 '위로'이므로 '올라가다' '값이 오르다'를 뜻함.
  - go bad: bad가 '나쁘다'의 뜻이므로 음식이 상했다는 뜻.
  - go away: away가 '다른 데로' '떨어져서'의 뜻이니 '가버리다' '떠나가버리다'의 뜻.
  - go well with: '~와 함께 잘 간다'는 것은 옷이 잘 어울리거나 음식끼리 잘 맞는 것을 뜻함.
  - go out with: 누구와 밖으로 나간다는 말은 상징적으로 '데이트하다' '사귀다'의 뜻임.
  - go by: by가 '옆에'라는 뜻으로, '옆으로 지나가다'의 의미라서, '사물이 지나가거나 시간이 지나가 버리다'의 뜻으로 쓰임.
  - go off: off가 '떨어져'의 의미가 있어서 폭탄이 터지거나 자명종 등이 울리는 것을 뜻함.

go 구동사로 표현해 볼까요?

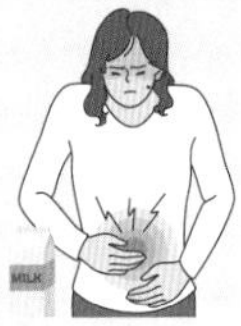

The milk **went bad**.
우유가 상했어.

Eggs have **gone up** by 50 percent.
계란이 50퍼센트 올랐어.

cookies **go well with** coffee.
쿠키와 커피는 잘 어울려.

Jane **goes out with** Mark.
제인은 마크와 교제하고 있어.

The alarm **goes off** every morning.
아침마다 자명종이 울린다.

Practice

go 구동사를 써서 다음을 표현해 보세요.

나랑 사귈까요?

삼겹살과 소주는 잘 어울려.

UNIT 89 put 구동사

Put on your coat.

코트 입어.

엄마, put 동사로 만든 구동사에는 어떤 것이 있나요?

Mom's Check Point!

- put 구동사는 put 다음에 전치사가 붙어서 새로운 의미를 만들어내는 것이에요. 전치사의 의미에 따라서 다양한 구동사가 만들어져요.
  - **Put on** your coat. 코트 입어.
    (Put on: 구동사)

- put 구동사 중 가장 자주 쓰이는 몇 가지 구동사를 소개할게요.
  - put on: on이 '붙어있다'의 뜻이며, 몸에 붙여 놓는 일, 즉 입거나 신는 모든 일을 뜻함.
  - put off: off가 '떨어져 있다'의 기본 의미를 갖기 때문에 어떤 일정이 떨어져 있게 하는 일, 즉 미루는 것을 말함.
  - put away: away가 '다른 데로'라는 기본 의미가 있어서, '다른 데로 갖다 두다' '(있어야 할) 제자리에 갖다 놓다'의 의미.
  - put aside: aside가 '한쪽으로' '옆쪽으로'의 의미라서 무엇을 '제쳐 놓는다'의 뜻. 돈의 경우, '따로 저축해둔다'의 뜻.
  - put down: down이 '아래로'의 의미로, '내려놓다' '(사람을)무시하다'의 의미.
  - put across: across가 '가로질러' '건너서'의 의미라서, '생각을 전달하여 (생각을 건너가게 함) 이해시킨다'의 의미가 있음.

put 구동사를 익혀보세요.

The sunlight is too strong. **Put on** your sunglasses.
햇빛이 너무 강해. 선글라스를 써라.

Put away your toys.
네 장난감 제자리에 갖다 놔.

Put aside money for a vacation.
휴가를 대비해서 저축해라.

Jane **put across** her ideas clearly.
제인은 그녀의 생각을 명확하게 전달했어.

We **put off** the game because of the rain.
우리는 비 때문에 경기를 연기했다.

Practice

put 구동사를 써서 다음을 표현해 보세요.

그는 무거운 상자를 내려놓았다.

우리는 결혼식을 12월까지 미루어야 해요.

UNIT 90 run 구동사

The cat **is running after** a butterfly.

고양이가 나비를 쫓아가고 있어.

엄마, run 동사도 구동사가 있나요?

Mom's Check Point!

- run 은 기본적으로 '달리다'의 의미예요. 그러나 run 다음에 전치사가 오면, 구동사가 되고 다양한 의미를 나타내요.
  - The cat **is running after** a butterfly. 고양이가 나비를 쫓아가고 있어.
    (run 구동사)

- 중요한 run 구동사를 소개할게요.
  - run into: into가 '밖에서 안으로'의 뜻인데 어떤 사람이나 문제를 '우연히 만나다'의 뜻.
  - run after: after가 '~보다 나중에'라는 기본 뜻이 있어서 무엇의 뒤에서 달려가는 느낌이라 '~를 뒤쫓는다'의 뜻.
  - run away: away가 '떨어져서 / 벗어나'의 느낌이 있어서, '다른 데로 가거나 도망간다'의 뜻.
  - run behind: behind는 '뒤에'라는 뜻이라서 '~의 뒤를 달리다' '~보다 뒤지다'의 뜻.
  - run out of: out이 '밖'이라는 의미라서 뭔가 나가고 없는 느낌으로 '~이 다 떨어지고 없다'의 뜻.

run 구동사로 연습해 볼까요?

Joe **ran into** Daniel on his way home.
조는 집에 가는 길에 다니엘을 우연히 만났어.

The dog **is running away**.
개가 도망가고 있어.

We'**re running out of** money.
우리는 돈이 바닥나고 있어.

People **are running after** the train.
사람들이 기차를 쫓아가고 있어.

We **ran behind** schedule.
우리는 일정이 늦어지고 있었어.

Practice

run 구동사를 이용하여 표현해 보세요.

나는 오늘 버스에서 우연히 제인과 마주쳤어.

나는 시간이 모자라서 시험을 끝낼 수가 없었어.

엄마에게 배우는 영어
엄배영
BASIC
GRAMMAR
기초 영문법

APPENDIX

엄마에게
배우는
영어

Learning
English from
Mom

03

CHAPTER 01
주요 불규칙 동사

현재	과거	과거분사	뜻
am / are/ is	was / were	been	(be동사)~이다
awake	awoke	awoken	깨우다
become	became	become	~이 되다
begin	began	begun	시작하다
buy	bought	bought	사다
break	broke	broken	부수다
build	built	built	건설하다
come	came	come	오다
cut	cut	cut	자르다
catch	caught	caught	(붙)잡다
choose	chose	chosen	선택하다
cost	cost	cost	(비용이)들다
do	did	done	하다
drink	drank	drunk	마시다
drive	drove	driven	운전하다
draw	drew	drawn	그리다
eat	ate	eaten	먹다
fall	fell	fallen	떨어지다

현재	과거	과거분사	뜻
feel	felt	felt	느끼다
fly	flew	flown	날다
find	found	found	발견하다
forget	forgot	forgotten	잊다
fight	fought	fought	싸우다
get	got	got /gotten	얻다
go	went	gone	가다
give	gave	given	주다
grow	grew	grown	성장하다
have	had	had	가지고 있다
hear	heard	heard	듣다
hold	held	held	들다
hide	hid	hidden	숨다, 숨기다
hit	hit	hit	치다, 때리다
hurt	hurt	hurt	다치게 하다
hang	hung	hung	걸다
keep	kept	kept	유지하다
know	knew	known	알다
learn	learned/learnt	learned/learnt	배우다
leave	left	left	떠나다
lead	led	led	이끌다

현재	과거	과거분사	뜻
lend	lent	lent	빌려주다
let	let	let	~하게 해주다
lose	lost	lost	지다, 잃어버리다
lie	lay	lain	눕다
make	made	made	만들다
meet	met	met	만나다
mean	meant	meant	의미하다
pay	paid	paid	지불하다
put	put	put	두다, 놓다
quit	quit	quit	그만두다
run	ran	run	달리다
read	read [red]	read [red]	읽다
ride	rode	ridden	타다
rise	rose	risen	떠오르다
ring	rang	rung	벨이 울리다
say	said	said	말하다
see	saw	seen	보다
send	sent	sent	보내다
sell	sold	sold	팔다
set	set	set	놓다
show	showed	showed/shown	보여주다

현재	과거	과거분사	뜻
sing	sang	sung	노래하다
sit	sat	sat	앉다
sleep	slept	slept	자다
stand	stood	stood	서다
speak	spoke	spoken	이야기하다
spend	spent	spent	(돈, 시간)을 쓰다
steal	stole	stolen	훔치다
swim	swam	swum	수영하다
shut	shut	shut	닫다
take	took	taken	가져가다
tell	told	told	말하다
teach	taught	taught	가르치다
think	thought	thought	생각하다
throw	threw	thrown	던지다
tear	tore	torn	찢다
understand	understood	understood	이해하다
win	won	won	이기다
wear	wore	worn	입다, 착용하다
wake	woke	woken	잠이 깨다
write	wrote	written	글을 쓰다

CHAPTER 02

회화에 유용한 동사표현

take care of

돌보다

Jane **takes care of** her mother.

제인은 어머니를 돌봅니다.

look forward to

고대하다

I'm **looking forward to** meeting him.

나는 그를 만나기를 고대하고 있다.

pay attention to

주의를 집중하다

Please **pay attention to** what I am saying.

제가 하는 말에 주목해 주세요.

prefer A to B

B보다 A를 좋아하다

I **prefer coffee to tea**.

나는 차보다 커피를 선호합니다.

pass away

돌아가시다

My grandfather **passed away** last year.

할아버지는 작년에 돌아가셨어요.

depend on

의존하다

Children **depend on** their parents.

아이들은 부모에게 의존합니다.

deal with

다루다, 처리하다

I'll **deal with** the problem.

문제를 처리하겠습니다.

count on

믿다, 기대하다

You can **count on** me.

당신은 나를 믿을 수 있습니다.

do one's best

최선을 다하다

He **did his best** for the test.
그는 시험을 위해 최선을 다했다.

keep in touch with

~와 연락을 유지하다

Let's **keep in touch**.
연락을 유지합시다.

belong to

~에 속하다

Lions **belong to** the cat family.
사자는 고양이과에 속합니다.

hear of

~에 대해 들어서 알다

I've **heard of** Squid Game.
나는 오징어 게임에 대해 들었습니다.

hear about

~에 대해 소식(정보)을 듣다

I **heard about** her promotion.
그녀의 승진 소식을 들었다.

arrive at

~에 도착하다

We **arrived at** the airport this morning.
우리는 오늘 아침에 공항에 도착했습니다.

worry about

~에 대해 걱정하다

Don't **worry about** me.
나에 대해 걱정하지 마십시오.

call back

다시 전화하다

I'll **call** you **back** later.
나중에 다시 전화 드리겠습니다.

keep on~ing

계속하다

Keep on singing.
계속 노래해.

fill in

빈칸을 채우다

Please **fill in** the blanks.
빈칸을 채워주세요.

get in

(택시나 승용차에) 타다

Get in the car. We have to leave now.
차에 타. 우리는 지금 떠나야 해.

get on

(버스나 기차에) 타다

Get on the bus.
버스에 타.

get off

(버스나 기차에서) 내리다

I **get off** at the next station.
저는 다음 역에서 내립니다.

give up

포기하다, 그만두다

He **gave up** smoking.
그는 담배를 끊었다.

break up

헤어지다

Jane **broke up** with her boyfriend.
제인은 남자친구와 헤어졌다.

watch out

조심하다

Watch out! There's a dog behind you.
조심해! 뒤에 개가 있어.

eat out

외식하다

Let's **eat out** tonight.
오늘 밤 외식합시다.

break down

고장 나다

My car **broke down**.
내 차가 고장 났어.

be proud of

~를 자랑스럽게 생각하다

I'm **proud of** my son.
나는 내 아들이 자랑스럽다.

be good at

~을 잘하는

Jane **is good at** math.
제인은 수학을 잘해요.

be bad at

~를 잘 못하는

I'm **bad at** cooking.
나는 요리를 잘 못한다.

apply for

~에 지원하다

Mr. Kim **applied for** the job.
미스터 김이 지원했습니다.

turn on

~을 켜다

It's too hot. Please **turn on** the air conditioner.
너무 더워요. 에어컨을 켜세요.

turn off

(조명, TV, 전자기기 등을) 끄다

Please **turn off** the heater when you go out.
외출할 때는 난방을 꺼주세요.

find out

~을 알아내다

I'm trying to **find out** the truth.
나는 진실을 알아내려고 노력하고 있어.

grow up

성장하다

He **grew up** in Seoul.
그는 서울에서 자랐다.

CHAPTER 03

필수 형용사

단어	뜻	단어	뜻	단어	뜻
awesome	경탄할 만한	surprised	놀란	warm	따뜻한
bad	나쁜	shocked	충격받은	cool	시원한
strong	강한	popular	인기있는	rainy	비가오는
weak	약한	friendly	상냥한	windy	바람부는
long	긴	brave	용감한	snowy	눈이 오는
short	짧은	outgoing	외향적인	foggy	안게 낀
glad	기쁜	slim	날씬한	cloudy	구름 낀
honest	정직한	stupid	어리석은	hot	더운
sad	슬픈	fat	뚱뚱한	muggy	후덥지근한
depressed	우울한	diligent	근면한	humid	습한
sick	아픈	lazy	게으른	dry	건조한
excited	신난	salty	(맛이) 짠	chilly	쌀쌀한
hungry	배고픈	sour	(맛이) 신	cold	추운
thirsty	목마른	sweet	달콤한	freezing	매우 추운
sleepy	졸리운	spicy	매운	sunny	화창한
angry	화난	tender	부드러운	balmy	따뜻한
worried	걱정하는	bitter	(맛이)쓴	gorgeous	멋진
nervous	긴장하는	greasy	(맛이)느끼한	easy	쉬운
rude	무례한	thin	얇은	difficult	어려운

단어	뜻	단어	뜻	단어	뜻
smart	똑똑한	thick	두꺼운	wet	젖은
selfish	이기적인	famous	유명한	possible	가능한
intelligent	똑똑한	lonely	외로운	impossible	불가능한
indoor	실내의	clean	깨끗한	legal	합법적인
outdoor	야외의	dirty	더러운	lovely	사랑스러운
wide	넓은	disgusting	역겨운	cute	귀여운
narrow	좁은	cheap	싼	modest	겸손한
safe	안전한	expensive	비싼	modern	현대적인
dangerous	위험한	luxurious	호화로운	positive	긍정적인
near	가까운	funny	우스운, 기이한	negative	부정적인
far	먼	boring	지루한	strange	이상한
shallow	얕은	effective	효과적인	obvious	명백한
deep	깊은	huge	거대한	ordinary	보통의
quiet	조용한	perfect	완벽한	organic	유기농의
noisy	시끄러운	pleasant	기분 좋은	polite	예의 바른
typical	전형적인	neat	깔끔한, 정돈된	messy	지저분한
weird	이상한	empty	비어 있는	ugly	추한
brave	용감한	cruel	잔인한	generous	관대한
sensitive	예민한	stubborn	고집이 센	strict	엄격한
cultural	문화의	traditional	전통적인	helpful	도움이 되는
useful	유용한	adorable	사랑스러운	global	세계적인
available	이용할 수 있는	careful	조심하는	lucky	행운의

CHAPTER 04

유용한 idioms / 회화 표현

cross your fingers

행운을 빌다

cross your fingers for me!
나를 위해 행운을 빌어줘!

Break a leg!

행운을 빌어!

Break a leg!
행운을 빌어!

on cloud nine

너무나 행복한

I was **on cloud nine** when I was given flowers.
내가 꽃을 받았을 때 나는 너무나 행복했어.

over the moon

너무나 행복한

I'm in love. I'm **over the moon**.
나는 사랑에 빠졌어. 너무나 행복해.

out of the blue

뜬금없이

Out of the blue, my ex-boyfriend called me.
갑자기 전 남자친구가 저에게 전화했습니다.

elephant in the room

모두 잘 알고 있지만 말을 못 꺼내는 일

There's an **elephant in the room**.
모두 잘 알고 있지만 말을 못 꺼내고 있어.

white elephant

애물단지

This heater is a **white elephant**.
이 히터는 애물단지다.

the cream of the crop

가장 좋은 것

He's **the cream of the crop**.
걔네들 중에 그 남자가 제일 괜찮아.

It's not a big deal.

별거 아니야

Come on, **it's not a big deal**.

이봐, 별거 아니잖아.

make a big deal

유난 떨다

Don't **make a big deal**.

별일 아닌데 유난 떨지 마.

I'm under the weather.

몸이 찌뿌드드한

I'm under the weather today.

나 오늘 몸이 안 좋아.

fair weather~

좋은 시절에만 잘해주는

They are **fair weather** friends.

그들은 좋을 때만 친구인 애들이야.

in a pickle

곤경에 처한

I was **in a pickle** when I lost my wallet.

지갑을 잃어버려서 곤경에 처했었어.

the big cheese

가장 영향력 있는 사람

You're **the big cheese** in my life.

당신은 내 인생에 가장 영향력 있는 사람입니다.

be about to 동사

막~하려한다

I'm about to leave.

나는 지금 떠나려는 참입니다.

out of this world

너무 훌륭한

The food there is **out of this world**.

그곳의 음식은 너무나 훌륭해요.

keep ~ posted

계속 알려주다

I'll **keep** you **posted**.

(진척 상황을) 계속 알려줄게요.

sit on the fence

아직 결정 못한

I'm **sitting on the fence** about it.

나는 그것에 대해 결정 못하고 있어.

call it a day

일을 마치다.

Let's **call it a day**

오늘은 이만 마칩시다.

add fuel to the fire

불난 집에 부채질

Don't **add fuel to the fire**.

불난 집에 부채질하지 마세요.

my take on this

내 생각은~

I told you **my take on this**.

나는 이것에 대한 내 생각을 네게 말했다.

the bee's knees

최상의, 최고의

Chocolate cake is **the bee's knees**.

초콜릿케이크가 최고야.

It's not my cup of tea.

내 취향 아니야.

Chinese food is **not my cup of tea**.

중국 음식은 내 취향이 아니야.

a piece of cake

아주 쉬운 일

Cooking is **a piece of cake** for me.

요리는 나에게 식은 죽 먹기이다.

good egg

좋은 사람

She's a **good egg**.

그녀는 좋은 사람입니다.

Practice Answer

Unit 01

- These houses are beautiful.
  이 집들은 아름답다.

- Jane and Mark are in France.
  제인과 마크는 프랑스에 있습니다.

UNIT 02

- Today is not Friday.
  오늘은 금요일이 아니야.

- I'm not good at math.
  나는 수학을 잘 못해.

UNIT 03

- Is your car new?
  네 차는 새것이니?

- Are Joe and Mark brothers?
  조와 마크는 형제들이니?

UNIT 04

- Jane goes to school.
  제인은 학교 다녀.

- Jane is going to school(now).
  제인은 학교에 가는 중이야. (지금)

UNIT 05

- Koreans eat kimchi almost every day.
  한국인들은 거의 매일 김치를 먹어.

- We need a new computer.
  우리는 새 컴퓨터가 필요해.

UNIT 06

- Mark finishes work at 6 p.m.
  마크는 오후 6시에 일을 마쳐.

- Jane does yoga after work.
  제인은 퇴근 후에 요가를 해.

UNIT 07

- I don't have any plans for this weekend.
  나는 이번 주말에 어떤 계획도 없어요.

- It doesn't snow in July.
  7월에는 눈이 내리지 않아.

UNIT 08

- Do you smoke?
  당신은 담배를 피우나요?

- Does Jane speak English?
  제인은 영어를 하나요?

UNIT 09

- was

- were / are

UNIT 10

- lost

- forgot

UNIT 11

- Was Tom good at math?
  톰은 수학을 잘 했었니?

- I wasn't a dentist.
  나는 치과의사가 아니었어.

UNIT 12

- Did you ~~washed~~ the car?
  → Did you wash the car?
  세차했어?
- I didn't ~~went~~ to work because I was sick.
  → I didn't go to work because I was sick.
  아파서 출근하지 않았어요.

UNIT 13

- When I got home, my brother was having lunch.
  내가 집에 도착했을 때 내 남동생은 점심을 먹고 있었어.
- I didn't hear my phone because I was taking a shower.
  나는 샤워를 하는 중이어서, 전화 소리를 듣지 못했어.

UNIT 14

- When my mother was sick, we would eat out.
  엄마가 아플 때, 우리는 외식을 하곤 했었지.
- I would drink hot lemon tea when I had cold.
  나는 감기에 걸리면 뜨거운 레몬차를 마시곤 했어.

UNIT 15

- I used to be a vegetarian.
  과거에 나는 채식주의자였다. (지금은 아닌 경우)
- I used to live in London.
  과거에 나는 런던에서 살았었다. (지금은 아닌 경우)

UNIT 16

- My sister will turn 60 next year.
  내 여동생은 내년에 60세가 될 거야.
- Will it snow tomorrow?
  내일 눈이 올까요?

UNIT 17

- I'm going to leave Friday morning.
  나는 금요일 아침에 떠날 거야.
- Is Linda going to retire next month?
  린다가 다음 달에 은퇴하나요?

UNIT 18

- The plane is leaving at 7 o'clock this evening.
  비행기가 오늘 저녁 7시에 떠날 것이다.
- Mark is moving to New York next week.
  마크는 다음 주 뉴욕으로 이사할 것이다.

UNIT 19

- I'll have finished building the house by the end of this year.
  내가 올해 말까지는 집 짓는 것을 마칠 거야.
- When Mark arrives, the movie will have started.
  마크가 도착할 때 영화는 시작되었을 거야.

UNIT 20

- Mark has stayed in this hotel for 3 days.
  마크는 3일째 이 호텔에 머무르고 있다.
- They have been married since 2005.
  그들은 2005년 이래로 결혼한 상태이다.

UNIT 21

- I've eaten(tried) sushi.
  나는 스시를 먹어봤다.
- Jane never been to Ireland(before).
  제인은 아일랜드에 가 본 적이 없다.

UNIT 22

- Edward has broken his arm.
  에드워드는 팔이 부러졌다. (현재에도 부러진 상태)
- Jane has spent all her pocket money.
  제인은 그녀의 용돈을 모두 써버렸다. (지금 한 푼도 없는 상태)

UNIT 23

- Can Mark drive?
  마크는 운전 할 수 있니? (능력 묻기)
- It can't be Mary.
  그 사람이 메리일 리가 없어.

UNIT 24

- It might be cold tomorrow.
  내일 추울지도 몰라.
- Jane might go to the movies tonight.
  제인은 오늘 저녁에 영화 보러 갈지도 몰라.

UNIT 25

- Jane must take care of her baby.
  제인은 그녀의 아기를 돌봐야만 해.
- My key must be in the car.
  내 열쇠는 틀림없이 차 안에 있을 거야.

UNIT 26

- Sandy has to return this book to the library.
  샌디는 이 책을 도서관에 반납해야 해.
- You don't have to buy this book. You can borrow it from the library.
  너는 이 책을 살 필요가 없어. 도서관에서 빌릴 수 있어.

UNIT 27

- You should get a haircut before the interview.
  너 면접 전에 머리를 자르는 것이 좋겠다.
- You shouldn't drink coffee before going to bed.
  네가 잠자기 전에 커피를 마시지 않는 것이 좋겠어.

UNIT 28

- Would you like a receipt?
  영수증 드릴까요?
- What would you like to drink?
  무엇을 마시겠어요?

UNIT 29

- Mark must have broken the window.
  마크가 창문을 깬 것이 틀림없어.
- We should have made a reservation.
  우리는 예약을 했어야 해.

UNIT 30

- My daughter is taught by Mr. White.
  제 딸은 미스터 화이트에게 배웁니다.
- Hangeul was invented by King Sejong.
  한글은 세종대왕이 창제했습니다.

UNIT 31

- Invitations will be sent.
  초대장이 보내질 거야.
- Your watch is being fixed.
  너의 시계는 수리 되는 중이야.

UNIT 32

- Who is that boy?
  저 소년은 누구니?
- Who did you see on the train?
  기차에서 누구를 보았니?

UNIT 33

- What
- Which

UNIT 34

- Why did you miss the train?
  너는 왜 기차를 놓쳤니?
- Where do your parents live?
  너의 부모님은 어디서 사시니?

UNIT 35

- How far is the train station?
  기차역이 얼마나 먼 가요?
- How can I get to the subway station?
  지하철역에 어떻게 갈 수 있나요?

UNIT 36

- a hat
- an expensive car

UNIT 37

- Jane has a cat.
  제인은 고양이 한 마리를 가지고 있어.
- Jane has the cat.
  제인은 그 고양이를 가지고 있어.

UNIT 38

- Brush your teeth.
  이를 닦으십시오.
- We bought five peaches.
  우리는 복숭아 다섯 개를 샀다.

UNIT 39

- I have two sisters.
  나는 두 명의 언니가 있어.
- For more information, please call Mr. Kim.
  더 많은 정보를 위해서 미스터 김에게 전화하세요.

UNIT 40

- You
- He

UNIT 41

- He sent them some books.
  그는 그들에게 몇 권의 책을 보냈어.
- I bought a bag, and I like it.
  나는 가방을 하나 샀는데, 그것이 마음에 들어.

UNIT 42

▹ We love our school.
우리는 우리의 학교를 사랑한다.

▹ Mark lost his passport.
마크는 그의 여권을 잃어버렸다.

UNIT 43

▹ ours

▹ mine

UNIT 44

▹ Mark often cuts himself while saving.
마크는 면도하다 자주 베인다.

▹ Andrew fixed his car himself.
앤드류는 그의 차를 손수 수리했다.

UNIT 45

▹ Don't put too much sugar in my coffee.
내 커피에 너무 많은 설탕을 넣지 마세요.

▹ There were a lot of people on the bus.
버스에는 많은 사람이 타고 있었다.

UNIT 46

▹ little

▹ A few

UNIT 47

▹ Every dog ~~have~~ a tail. → has
모든 개는 꼬리가 있습니다.

▹ I can accept ~~every~~ advice. → all
나는 모든 충고를 받아들일 수 있다.

UNIT 48

▹ any

▹ some

UNIT 49

▹ no

▹ any

UNIT 50

▹ I enjoy playing the piano.
나는 피아노치는 것을 즐겨.

▹ Running is good for health.
달리는 것은 건강에 좋아.

UNIT 51

▹ It's difficult to learn Chinese.
중국어를 배우는 것은 어렵다.

▹ I decided to learn English.
나는 영어를 배우기로 결정했다.

UNIT 52

▹ My sister has blonde hair.
내 여동생은 금발 머리를 가지고 있어.

▹ These strawberries smell sweet.
이 딸기들은 단 냄새가 나.

UNIT 53

▹ I learn foreign languages easily.
나는 외국어를 쉽게 배워.

▹ Jane is driving very carefully.
제인은 매우 조심스럽게 운전 중이야.

UNIT 54

- This burger is too big for children.
  이 버거는 아이들에게는 너무 커.
- It's too late to take a bus.
  버스를 타기에는 너무 늦다.

UNIT 55

- usually
- often

UNIT 56

- Your bag is prettier than mine.
  너의 가방이 나의 것보다 더 예뻐.
- Mt. Everest is higher than Mt. Seorak.
  에베레스트산은 설악산보다 더 높아.

UNIT 57

- This bag looks much more expensive than that one.
  이 가방이 저것보다 훨씬 더 비싸 보여.
- Nowadays, dogs are more popular than other pets.
  요즘에는 강아지들이 다른 반려동물들보다 더 인기가 많아.

UNIT 58

- Me too.
- Me neither.

UNIT 59

- So did I.
- So am I.

UNIT 60

- at
- on

UNIT 61

- in
- in

UNIT 62

- I made this doll for my sister.
  나는 내 여동생을 위하여 이 인형을 만들었어.
- This cup is for drinking water.
  이 컵은 물을 마시기 위한 것이야.

UNIT 63

- for
- during

UNIT 64

- He was running to the store.
  그는 그 가게로 달려가고 있었어.
- He is kind to us.
  그는 우리에게 친절해.

UNIT 65

- Chris broke the window with a stone.
  크리스는 돌을 가지고 창문을 깼다.
- Jane went shopping with her friends.
  제인은 친구들과 함께 쇼핑을 갔었다.

UNIT 66

- The old house looked shabby with the windows broken.
  그 오래된 집은 창문이 깨진 채로 초라해 보였어.
- That kid with curly hair is really cute.
  곱슬머리인 저 아이는 정말 귀엽다.

UNIT 67

- We're going on a picnic by bicycle.
  우리는 자전거를 타고 소풍을 갈꺼야.
- There's a tree by the house.
  그 집 옆에 나무가 하나 있어.

UNIT 68

- by
- until

UNIT 69

- Please be seated.
  앉으세요.
- Don't forget to feed the cat.
  고양이 밥 주는 거 잊지 마.

UNIT 70

- May I help you carry your bag ma'am?
  부인, 가방 드는 것을 도와 드릴까요?
- Could I open the window?
  창문 좀 열어도 되나요?

UNIT 71

- I'd like to book a round trip ticket to Seoul.
  서울 가는 왕복 항공 티켓을 예약하고 싶어요.
- I'd like to reserve a table for lunch for two people.
  두 사람의 점심식사 예약하고 싶습니다.

UNIT 72

- Seafood Pizza is the most popular dish.
  해산물 피자가 제일 인기 있는 요리에요.
- Can I get some orange juice?
  오렌지 주스 주세요.

UNIT 73

- cold/ freezing
- rainy

UNIT 74

- It's quarter to five.
  5시 15분 전 입니다.
- It's six twenty-five.
  6시 25분 입니다.

UNIT 75

- Who's calling please?
  누구세요?
- What is this regarding?
  무슨 일로 전화하셨어요?

UNIT 76

- This is the guy who broke the window.
  이 사람이 창문을 깬 남자다.
- I saw the man who stole the bag.
  나는 가방을 훔친 남자를 보았다.

UNIT 77

- This is the watch (which / that) I lost yesterday.
  이것이 어제 내가 잃어버린 시계야.
- We ate up the pizza (which / that) Jane made.
  우리는 제인이 만든 피자를 다 먹었어.

UNIT 78

- Show me what you're hiding in your hands.
  너의 손에 감추고 있는 것을 보여줘.
- What matters is our safety.
  중요한 것은 우리의 안전입니다.

UNIT 79

- This is the house where I was born.
  이 집이 내가 태어난 집이야.
- I remember the cafe where I lost my wallet.
  난 지갑을 잃어버렸던 카페를 기억해.

UNIT 80

- I was so excited the day when you arrived.
  네가 도착한 날 나는 너무 신났어.
- Sunday is the day when I go to church.
  일요일은 내가 교회 가는 날이야.

UNIT 81

- I studied in my room.
  나는 내 방에서 공부했어.
- I boiled water to make ramen.
  나는 라면을 요리하기 위해 물을 끓였어.

UNIT 82

- I was preparing dinner quietly in the kitchen yesterday because my baby was sleeping.
  아기가 자고 있었기 때문에 나는 어제 주방에서 조용히 저녁을 준비하고 있었어.
- I took a cold shower this morning because it was sticky.
  날씨가 후덥지근해서 아침에 나는 찬물로 샤워했어.

UNIT 83

- In his room, he plays the guitar every day.
  그의 방에서 그는 매일 기타를 친다.
- The building is located in Gangnam, Seoul, Korea.
  그 빌딩은 대한민국 서울의 강남에 위치해 있다.

UNIT 84

- Jane usually listens to music while she's studying.
  제인은 공부하는 동안 보통 음악을 듣는다.

- Mark took a taxi because he was tired.
  마크는 피곤했기 때문에 택시를 탔다.

UNIT 85

- If it snows tomorrow, we'll make a snowman.
  내일 눈이 온다면 우리는 눈사람을 만들 거야.

- If you help me, everything will be fine.
  네가 나를 도와준다면, 모든 일이 잘 될 거야.

UNIT 86

- If I were rich, I would help the poor.
  만약 내가 부유하다면 가난한 사람들을 도울텐데.

- If you liked camping, we would go camping every Sunday.
  네가 캠핑을 좋아한다면, 우리는 일요일 마다 캠핑을 갈 텐데.

UNIT 87

- I want to get along with my coworkers.
  나는 내 동료들과 잘 지내고 싶어.

- Mark got over the shock.
  마크는 충격에서 벗어났어.

UNIT 88

- Will you go out with me?
  나랑 사귈까요?

- Samgyeopsal goes well with soju.
  삼겹살과 소주는 잘 어울려.

UNIT 89

- He put down the heavy box.
  그는 무거운 상자를 내려놓았다.

- We have to put our wedding off until December.
  우리는 결혼식을 12월까지 미루어야 해요.

UNIT 90

- I ran into Jane on the bus today.
  나는 오늘 버스에서 우연히 제인과 마주쳤어.

- I ran out of time, so I couldn't finish the test.
  나는 시간이 모자라서 시험을 끝낼 수가 없었어.

엄마에게 배우는 영어

엄배영 Basic Grammar 기초 영문법

발행일 2024년 10월 12일(2쇄)

발행처 지식오름

발행인 조순자

편저자 신원경

편집·표지 **디자인** 홍현애

정 가 25,000원

ISBN 979-11-91292-86-2